Escape

AF217735

Perdu à Paris

Rätseln, knobeln, Französisch lernen

Sarah Portner

Vokabeltraining
zum Buch!

Lerne die Vokabeln zu diesem Buch: Mit phase6, Deutschlands führenden Vokabeltrainer.

Mit phase6 übst du deine Vokabeln über Computer, Tablet und Smartphone mit Android oder iOS.

Der Circon Verlag schenkt dir die erste Vokabelsammlung zu seinen Büchern. Nur erhältlich über diesen Link (QR-Code).

www.phase6.de/s/a3359

Der beste Sprachtrainer für die Schule.

© Circon Verlag GmbH
Baierbrunner Straße 27, 81379 München
info@circonverlag.de
Ausgabe 2025
1. Auflage

MIX
Papier | Fördert
gute Waldnutzung
FSC® C108080
www.fsc.org

Redaktion: Sigrid Oser
Fachkorrektur: Sandra Brandstetter
Produktion: Ute Hausleiter
Titelillustration: shutterstock.com: U1: Arthur Balitskii (Wasserspucker),
Hein Nouwens (Eiffelturm), Inspiring (schwarze Spots), Johnny14 (Macarons),
Milano M (Rahmen), Morphart Creation (Giebel Notre-Dame), Oldesign (Café),
oxameel (Flagge), portumen (Triumphbogen), SAHAS2015 (TGV), Val_Iva (Taube);
Rücken: oxameel; U4: dimm3d (Laterne), Milano M (Rahmen), portumen (Sacré-
Cœur), redchocolate (Schild)
Umschlaggestaltung und Gestaltung: FSM Premedia GmbH & Co. KG

ISBN 978-3-7901-0029-7
379010029/1

Besuchen Sie uns auf Instagram und Facebook: circonverlag

www.circonverlag.de

Vorwort

Du magst kniffelige Rätsel und willst deine Französisch-Kenntnisse verbessern? Dann ist dieses Buch genau das richtige für dich!

Wie funktioniert das? Die Geschichte beginnt mit dem ersten Kapitel auf Seite 6. Doch alle übrigen Kapitel sind nicht in der richtigen Reihenfolge im Buch zu finden. Nur wenn du es schaffst, die Rätsel am Ende jedes Kapitels zu lösen, erfährst du, auf welcher Seite die Geschichte weitergeht.

Falls du beim Knobeln nicht weiterkommst, findest du auf Seite 88 Tipps, die dir auf die Sprünge helfen. Für den Fall der Fälle gibt es auf Seite 89 zudem die Lösungen zu sämtlichen Rätseln.

Dieses Escape-Buch basiert auf dem Konzept unserer beliebten Lernkrimis und kombiniert eine spannende Geschichte mit didaktischen Inhalten. Schwierige Wörter werden direkt auf der Seite übersetzt. Das Glossar zu diesem Buch wurde für phase6 vertont. Dort kannst du die Vokabeln zusätzlich trainieren.

Inhalt

Hauptpersonen

Dieses Buch beginnt an einem ganz normalen Diens-
tagmorgen am Stuttgarter Hauptbahnhof. Du bist auf
dem Weg zu einem Geschäftstermin in München –
nichtsahnend, dass dieser Tag dein Leben ordentlich
auf den Kopf stellen wird.

Du: Stell dir vor, du bist männlich, Anfang 40,
und lebst in Stuttgart. Eigentlich spielst du
gerne Volleyball und fährst Rennrad, aber in
letzter Zeit kommst du kaum mehr dazu. Vielleicht
auch, weil dein Kopf so voll ist, steigst du aus Versehen
in den falschen Zug: den TGV nach Paris.

In diesem Buch begegnest du der Reihe nach:

- einer charmanten Bäckereiverkäuferin
- einem gut gelaunten Kellner im Bistro
- einer hilfsbereiten älteren Dame
- einem gesprächigen Maler
- einer freundlichen Mitarbeiterin in
  einem Souvenirladen
- einer verschwiegenen Konditorei-
  verkäuferin
- einem wortkargen Vermieter von
  Spielzeugbooten

À la dernière minute

On est mardi matin et tu es à la gare centrale de Stuttgart. Tu dois prendre le train pour Munich. Tu regardes encore une fois ton billet sur ton **portable** : oui, c'est bien ça. C'est l'ICE 591 de 9 heures 14 sur la voie 16. Toi, tu es un homme, **la petite quarantaine**, qui habite et travaille à Stuttgart. Tu aimes jouer au volley-ball et faire du **vélo de course.** Mais ces derniers temps, tu n'as pas de temps pour cela.

Tu n'**as** pas vraiment **envie d'aller** à Munich. Et tu as encore moins envie de parler avec ton client. Il est très compliqué et parle beaucoup. Tu marches vers la petite boulangerie. Les croissants y sont très bons et la **vendeuse** est très sympa. Quelquefois, vous **parlez de la pluie et du beau temps**.

« Guten Tag, was darf's bei Ihnen sein? »

La vendeuse n'a pas seulement un joli sourire, mais elle a aussi des yeux bruns qui brillent quand elle parle. Ses cheveux noirs vont très bien avec le **chemisier** rouge qu'elle porte sous son **tablier**. Elle parle avec un léger accent français.

« Was darf es sein? »
La vendeuse **inter-
rompt** tes pensées.
« Ähm, ein Sandwich
mit Käse und ein
Croissant. »
La vendeuse **fait oui
de la tête**. Elle met
le sandwich et le
croissant dans des
petits **sachets** en papier. Tu
paies. La vendeuse te regarde
d'un air curieux.
« Ich packe Ihnen noch ein paar
Madeleines ein. »
Elle **disparaît** à l'intérieur de son
petit magasin. Quand elle **réapparaît**, son sourire est encore
plus grand sur son visage.
Elle te donne un
autre petit sachet.

portable *m*	Handy
⚡ la petite quarantaine	Anfang vierzig
vélo *m* de course	Rennrad
avoir envie *f* de faire qc	Lust haben, etw. zu tun
vendeur,-se *m,f*	Verkäufer/in
parler de la pluie et du beau temps	über dies und das reden
chemisier *m*	Bluse
tablier *m*	Schürze

Madeleines werden in einer speziellen Form gebacken und erhalten dadurch das Relief einer Muschel. Benannt wurden die buttrigen Teilchen nach einer Köchin am Hof des Herzogs von Lothringen.

interrompre	unterbrechen
faire oui de la tête	nicken
sachet *m*	Tüte, Tütchen
disparaître	verschwinden
réapparaître	wieder auftauchen

Tu es un peu **gêné** et stressé **à la fois**. Tu **jettes un** dernier **regard** sur ton portable : il ne reste que deux minutes jusqu'au départ du train et tu dois vraiment te dépêcher. Tu **fais signe de la main** à la vendeuse et elle **te fait un clin d'œil**. Tu marches. Tu cours **même** ! ... Quand tu arrives enfin à la voie 16, tu **es à bout du souffle**. Tu **n**'as **plus** le temps de chercher le <u>bon wagon</u>. Tu **montes** à bord au niveau de la première porte, tout au début du train. Ouf ! Les portes du train se referment et le train **démarre**.

« Guten Morgen meine Damen und Herren. Im Namen der Deutschen Bahn ... »

Tu arrêtes d'**avancer**, **stupéfait**. Tu **n'en crois pas tes oreilles** quand tu **entends** que la deuxième partie de l'annonce est en français !

gêné,e	verlegen
à la fois	gleichzeitig
jeter un regard sur qc	einen Blick auf etw. werfen
faire signe de la main	die Hand zum Gruß heben
faire un clin d'œil à qn	jdm. zuzwinkern
même (*Adv.*)	sogar
être à bout de souffle *m*	außer Atem sein
ne ... plus	nicht mehr

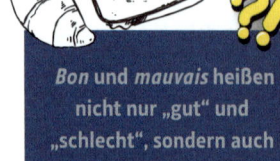

Bon und *mauvais* heißen nicht nur „gut" und „schlecht", sondern auch „richtig" und „falsch".

monter	*hier:* einsteigen; hochsteigen
démarrer	losfahren
avancer	vorgehen
stupéfait,e	erstaunt, verblüfft
ne pas en croire ses oreilles	seine Ohren nicht trauen
entendre	hören

Une annonce surprise !

Wie es oft so ist: Es knackt im Lautsprecher und was der Zugführer sagt, ist kaum zu verstehen. Ergänze die Ansage mit den fehlenden Wörtern, um herauszufinden, wohin dich die Reise führt. Wie heißt das nächste Kapitel?

vous

Mesdames

bienvenue

vous

confort

Monsieur

bonjour

voiture

un   à

de

est

voyage

la

Strasbourg   Paris

🔊, messieurs, 🔊 au nom 🔊 la Deutsche Bahn et de la **SNCF**. Je 🔊 souhaite 🔊 bienvenue à bord du **TGV** à destination de Paris-Est via 🔊. Je suis Jérôme Durand, chef de bord de l'équipe franco-allemande. Mon équipe et moi-même **sont à votre disposition durant** le 🔊. Pour votre 🔊 une voiture-bar 🔊 à votre disposition en 🔊 14. Nous 🔊 souhaitons 🔊 agréable voyage.

SNCF (Société Nationale des Chemins de Fer) *f.* ... die französische Bahn

TGV (Train à Grande Vitesse) *m* .... französischer Hochgeschwindigkeitszug

être à la disposition de qn .... jdm. zur Verfügung stehen

durant (+ *Substantiv*) .. während

Chez une inconnue

Tu regardes la feuille de papier que le serveur t'a donnée avec le plan de métro. Tu penses : *Ce serveur est vraiment un grand* **amateur** *d'énigmes. C'est* **sans doute** *aussi la raison pour laquelle son bistro porte le nom* « *Nœud bleu* »... *Les nœuds, eux aussi, ne sont pas toujours faciles à* **dénouer**.

> **Achtung!** *Sans doute* heißt „wahrscheinlich". Will man „ohne Zweifel" ins Französische übersetzen, so heißt das *sans aucun doute*.

Mais tu trouves très vite la solution à l'énigme : La station de métro où tu dois descendre, est Château d'Eau, et l'adresse est au 10, rue de Marseille. Tu achètes un ticket de métro et tu montes dans une **rame** de la ligne 1. La ligne 1 est une des lignes automatisées : elle circule

amateur,-trice	Liebhaber/in
sans doute *m*	wahrscheinlich
dénouer	aufknoten, lösen
rame *f*	Zugteil; *hier*: Zug (Metro)

conducteur,-trice .... Fahrer/in
inquiétant,e .... beunruhigend
se laisser tomber.......... sich fallen lassen
tout le monde............... jeder, alle
promis .... versprochen
en bois *m*....................... aus Holz

donc sans **conducteur**.
Tu trouves cela un peu
inquiétant, mais … tu
essaies de ne pas trop y penser. Qu'est-ce que ça fait du
bien de ne plus devoir marcher ! Tu **te laisses tomber**
sur un siège.
À Châtelet–Les Halles tu dois descendre et prendre la
ligne 4. Mais il faut d'abord la trouver ! Châtelet–Les
Halles est une station de métro très chaotique. Il y a un
labyrinthe de tunnels, de passages et de places sou-
terraines. Autour de toi, **tout le
monde** semble savoir où aller,
mais toi, tu es perdu.
Quand tu arrives finalement à
l'adresse que tu as devinée sur la
feuille, tu es fatigué et nerveux à
la fois.
Une fenêtre s'ouvre alors au
premier étage. Une vieille dame
s'adresse à toi : « Bonjour
Monsieur ! Vous cherchez sûre-
ment l'appartement qu'on vous a **promis** ?
… Attendez un instant ! J'arrive … »
Tu l'entends descendre les marches de l'escalier, puis la
grande porte **en bois** s'ouvre.

Für das Verb „hören"
gibt es im Französischen
zwei Entsprechungen.
Hört man zum Beispiel
ein Geräusch, benutzt
man *entendre*. Hört man
aktiv zu, zum Beispiel
seinem Gesprächspart-
ner, so wird *écouter*
verwendet.

Elle t'emmène au deuxième étage, elle ouvre la porte de l'appartement et te donne une clé.

« Nous y voilà. C'est votre appartement pour ce soir – ou pour plus longtemps, si vous le voulez. »

Tu te sens immédiatement chez toi – même si tu sais très bien que c'est l'appartement d'une femme que tu ne connais pas. Tu es chez une inconnue. Il y a une petite cuisine, la salle de séjour, un petit balcon **fleuri**, la salle de bains et une petite chambre.

Tu vas à la cuisine et tu te **verses** un verre d'eau, puis tu vas dans la chambre. Tu es prêt à dormir quand tu remarques qu'il y a plusieurs livres sur la petite table de nuit. Tu les regardes et tu comprends que ce sont des vieux livres de cuisine. À côté de la **pile** de livres, tu découvres une petite note...

fleuri,e .... blühend, blumig
verser .... einschenken
pile f. .... Stapel

bibliophile *m,f* .... Bücherlieb-
haber/in

La chambre d'une <u>bibliophile</u>

Magst du Bücher ebenso gern wie die Unbekannte aus der *Rue de Marseille*? Dann findest
du bestimmt schnell heraus, wie die Geschichte
weitergeht. Im Schlafzimmer gibt es die nötigen
Hinweise ...

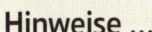

Mets du cœur à l'ouvrage.

**mettre du cœur
à l'ouvrage** *m* .... Herzblut in
etwas stecken,
Einsatz zeigen
(wörtl.: Herz ins
Werk setzen)

Bienvenue à Paris, Monsieur !

Bienvenue à bord du TGV ? À destination de Paris-Est ? Via Strasbourg ? Mais comment est-ce possible ?

Tu regardes par la fenêtre. On est en automne et les arbres commencent à **jaunir**. Tu aimes l'automne. Tu trouves que tout **devient** plus **calme** en automne. **Par contre**, ta vie en ce moment n'est **pas** calme **du tout**. Tu es toujours sous pression. Tu **es** souvent **de mauvaise humeur**.

Peut-être que cela est aussi la raison pour laquelle tu es monté dans le mauvais train.

« Meine Damen und Herren … » Le chef de bord fait une autre annonce. « Leider hat

Wenn *peut-être* (= vielleicht) am Anfang eines Satzes steht, muss danach noch ein *que* folgen. Steht *peut-être* innerhalb eines Satzes, ist das nicht nötig.

jaunir	gelb werden
devenir	werden
calme	ruhig, friedlich
par contre	im Gegenteil
ne … pas du tout	überhaupt nicht
être de mauvaise humeur	schlechte Laune haben

unser Zug den Bahnhof Stuttgart mit einer Verspätung von fünf Minuten verlassen. »

Tu commences à comprendre ! Le train n'a pas quitté la gare de Stuttgart **à l'heure**, mais avec du **retard**. Le TGV à destination de Paris a quitté Stuttgart presqu'en même temps que l'ICE à destination de Munich … et de la voie **située** directement **en face** !

« Paris-Est … » Tu **murmures** le nom du **terminus** du train. C'est un joli nom. Tu prends ton portable. Tu veux regarder comment tu peux retourner à Munich. Si tu **descends** au prochain **arrêt** … c'est Karlsruhe. Donc de Karlsruhe, tu peux peut-être encore aller à Munich. Tu peux appeler ton client et lui dire que tu vas arriver un peu plus tard. Mais « un peu plus tard », c'est bien optimiste **vu que** tu te trouves à bord d'un train à destination de Paris-Est.

Paris-Est … Tu **tapes** le nom de la gare sur ton portable pour regarder sur Internet et tu y trouves plus d'infos :

à l'heure	pünktlich
retard *m*	Verspätung
situé,e	gelegen
en face (de)	gegenüber
murmurer	murmeln
terminus *m*	Endstation
descendre	hier: aussteigen
arrêt *m*	Halt, Haltestelle
vu que	da; in Anbetracht dessen, dass
taper	tippen

Tu regardes les photos. La gare
est jolie – plus jolie que les gares
de Stuttgart et de Munich. Alors
tu décides de continuer le voyage
pour Paris. Tu n'es jamais allé à
Paris. Et tu as envie d'oublier un
peu ton travail et ta vie quoti-
dienne – au moins pour un jour
ou deux. Tu appelles ton client

Achtung: Das Wort
rendez-vous wird im
Französischen sowohl im
romantischen Sinn
(*Date*) als auch im
geschäftlichen Sinn
(Termin) verstanden.
Auch mit dem Zahnarzt
oder der unfreundlichen
Chefin hat man also ein
Rendezvous.

pour lui dire que tu ne vas pas venir au rendez-vous. Ensuite, tu appelles ta cheffe pour lui dire que tu ne peux
pas travailler, **ni** aujourd'hui **ni** demain.
« Die Fahrkarten bitte! » **Mince !** Qu'est-ce que tu vas
dire au contrôleur ?

« Ich bin im falschen
Zug. Ich sollte nach
München fahren. »

ne … jamais .... niemals
ni … ni .... weder … noch …
⚡ Mince ! .... Mist!

bon marché *m,f* .... günstig
Peu importe! .... Egal! Macht nichts!
banlieue *f* .... Stadtrand, Vorstadt
excité,e .... aufgeregt
sac à dos *m* .... Rucksack

Le contrôleur te re-
garde d'un air scep-
tique : « Dann steigen
Sie bitte in Karlsruhe aus!
— Ähm … Kann ich ein Ticket nach Paris nachlösen? »
Tu paies le prix pour un billet Stuttgart–Paris. Ce n'est
pas **bon marché**, mais **peu importe**. Puis, tu prends ton
petit-déjeuner : le croissant et le sandwich.
Tu regardes le billet pour savoir
quand tu vas arriver à Paris : à
12 heures 31. Ce sont moins de
trois heures et demie pour aller
de Stuttgart à Paris. Mais alors,
Paris est très proche !
Tu vas aux toilettes, puis tu <u>fais
un petit somme</u>. Quand tu te
réveilles, le TGV traverse déjà la
banlieue de Paris. Tu es curieux et **excité**.

Es gibt im Französischen
gleich mehrere nette
Ausdrücke für „ein
Nickerchen machen", z. B.
*faire un petit somme,
piquer un somme, faire
une petite sieste* oder
faire un petit dodo.

Quand tu sors de la gare, tu veux d'abord chercher une
chambre pour y laisser ton **sac à dos** et pour y dormir

⚡ un drôle de .... ein,e komische/r
bêtise *f* .... Dummheit
tout à coup .... plötzlich
soulagé,e .... erleichtert

cette nuit. Mais la gare de l'Est est située où, alors ? Tu mets la main à la poche de ta veste pour prendre ton portable et regarder la carte. Mais la poche est vide. Tu mets la main à l'autre poche. Ton portable n'est pas là. Tu regardes dans ton sac à dos. Rien ! Tu as oublié ton portable dans le TGV ...

*Quel **drôle d**'idée d'aller à Paris ! Quelle **bêtise** !*

Tu es **tout à coup** de très mauvaise humeur. Tu regardes alors autour de toi et à droite, tu vois un petit parc. Il y a un banc sous un arbre. Tu t'y assois pour réfléchir. Puis, **soulagé**, tu te rappelles qu'il y a encore les madeleines dans le petit sachet de la vendeuse de Stuttgart. Tu veux y goûter maintenant. Et puis, tu as faim ! Tu es stupéfait quand tu vois qu'il y a un plan de Paris sur le sachet.

?!

Nicht verwechseln:
le banc ist zum Sitzen da,
la banque für das Geld.

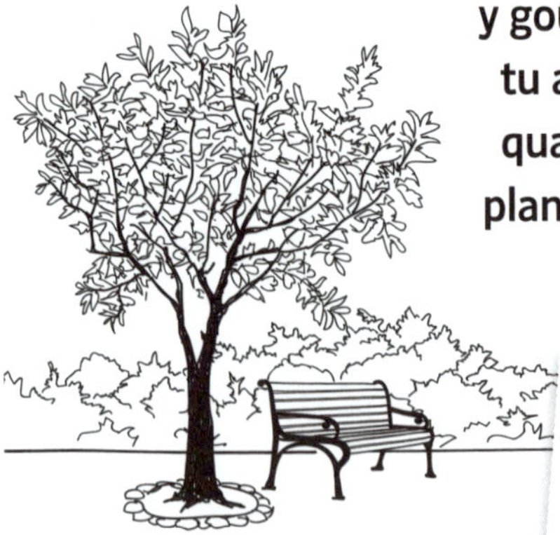

venir de faire qc .... gerade eben etw. getan haben

Paris : Arrondissements et attractions

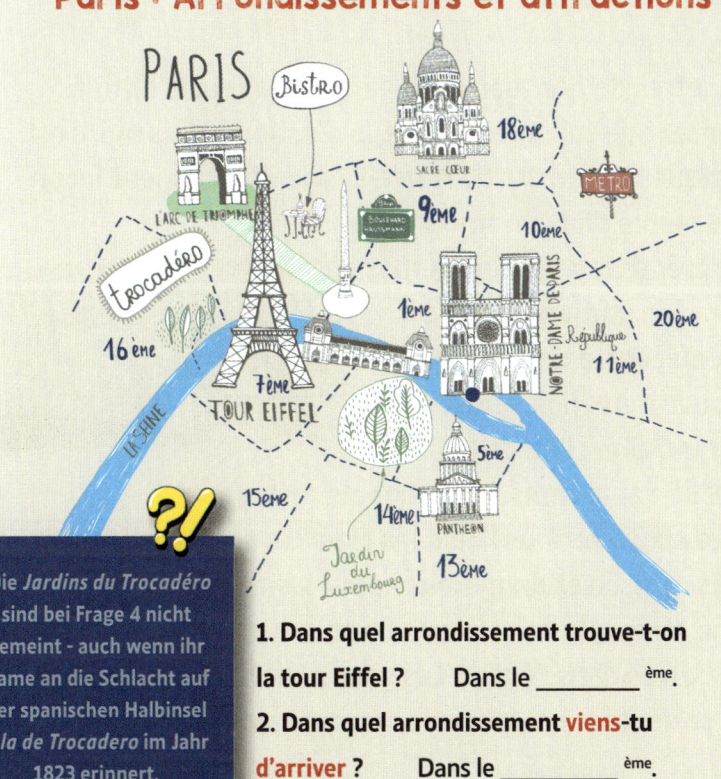

Die *Jardins du Trocadéro* sind bei Frage 4 nicht gemeint - auch wenn ihr Name an die Schlacht auf der spanischen Halbinsel *Isla de Trocadero* im Jahr 1823 erinnert.

1. Dans quel arrondissement trouve-t-on la tour Eiffel ?   Dans le _____ ème.

2. Dans quel arrondissement **viens**-tu **d'arriver** ?   Dans le _____ ème.

3. Dans quel arrondissement dois-tu maintenant aller si tu as faim ?   Dans le _____ ème.

4. Dans quel arrondissement trouve-t-on un parc avec un nom qui n'est pas très français ?   Dans le _____ ème.

Addiere die gesuchten Nummern und ziehe 5 ab. Das Ergebnis führt dich als Seitenzahl zu einem gemütlichen Bistro.

Une rose et des diables

Tu jettes de nouveau un regard sur la feuille et tu es content de toi : tu as trouvé la solution ! Mais oui, c'est logique : une visite de Notre-Dame est vraiment incontournable dans un séjour à Paris.

Tu prends le métro, puis tu sors à la station Cité. C'est ici, au centre de Paris, qu'on trouve deux îles naturelles sur la Seine : l'Île de la Cité

et l'Île Saint-Louis. La station de métro Cité est juste sous l'Île de la Cité ! Sa construction a été très difficile et dangereuse pour les **ouvriers**.

Une atmosphère calme et mystérieuse **règne** quand tu entres dans l'église. Les gens marchent **doucement** et ça sent les **bougies** : beaucoup de visiteurs aiment **allumer** une bougie pour faire une **prière**, **remercier** Dieu ou pour exprimer une bonne pensée à un **proche**. Toi aussi, tu

rose f.............................. hier: Rosenfenster
diable m .... Teufel
ouvrier,-ère .... Bauarbeiter/in
régner............................. herrschen
doucement (Adverb) ... leise, behutsam
bougie f........................... Kerze
allumer............................ anzünden
prière f .... Gebet
remercier .... danken
proche m,f .... Nahestehende/r,
Liebste/r

décides de t'arrêter un instant et tu allumes une bougie : tu penses à tes grands-parents.

Puis, tu te promènes dans la cathédrale. La lumière qui entre par les **vitraux** colore les murs et le sol de toutes les couleurs ! Tu t'émerveilles ! C'est la Rose Ouest qui te fascine le plus : elle est encore plus impressionnante que les autres vitraux.

Tu sors et tu fais le tour de la cathédrale : elle est aussi impressionnante de l'extérieur que de l'intérieur. Tu aimes le grand portail et surtout les **chimères** et les gargouilles. Les chimères sont des créatures fantastiques au sommet de la façade. Les gargouilles sont, elles aussi, des créatures extraordinaires. Elles sont placées à la fin des **gouttières** et **recrachent**

?/

Der französische Name für Wasserspeier kommt vom Verb *gargouiller*, was so viel wie „gurgeln" oder „gluckern" bedeutet. Die *gargouilles* gelten als Beschützerwesen, weil sie Geistern und Dämonen den Spiegel vorhalten und damit vergraulen sollen.

vitrail *m*, vitraux *pl* ...... buntes Kirchenfenster
chimère *f* .... Chimäre (Mischwesen in der gr. Mythologie)
gouttière *f* .... Regenrinne
recracher .... ausspucken

l'eau de pluie du toit. Elles ressemblent à des démons ou des diables. Ces créatures **reflètent** la fantaisie des gens au **Moyen-Âge** !

La visite de la cathédrale te donne envie d'en apprendre davantage sur l'architecture, sur l'art et sur la peinture. Mais comment trouver le temps pour cela ? C'est à ce moment-là que tu te rappelles que tu dois retourner à Stuttgart ce soir. Mince ! Tu te dis alors : *Je ne veux pas partir* ! *Je veux rester ici … Je m'en fous de mon boulot*. Penser à ton boulot te stresse. Alors, pour passer à autre chose, tu te dis :
« Tout d'abord, je vais essayer de trouver un souvenir qui va me rappeler la cathédrale et mon voyage à Paris ! »
Après avoir fait quelques pas dans la rue, tu arrives devant un petit magasin de souvenirs qui s'appelle « Aux chimères ». Tu décides d'entrer.

« Bonjour, est-ce que je peux vous aider ? », te demande une vendeuse de soixante ans aux longs cheveux gris. Tu

> **?/**
>
> Achtung: *rappeler* in der Kombination mit einem Substantiv wird im Französischen ohne Präposition gebraucht. „(Sich) an etwas erinnern" heißt einfach: *(se) rappeler quelque chose.*

refléter .... widerspiegeln
Moyen-Âge *m* .... Mittelalter
⚡ s'en foutre de qc...... etw. ist einem egal

étagère f........................ Regal
porte-clés m................. Schlüsselanhänger
cendrier m .... Aschenbecher
alors que .... als, während

montres du doigt
Notre-Dame et
tu réponds : « Euh ... je
cherche un souvenir de cette magnifique cathédrale ! ».
« Alors comme ça, Paris vous plaît ? Très bien ! Venez
par ici ! » La femme te montre une **étagère** avec des
souvenirs de Paris : des cathédrales miniatures, des
magnets, des **porte-clés**, des tasses, des **cendriers**. Tu
choisis un petit porte-clé avec la Rose Ouest. Tu vas
l'avoir sous les yeux et l'utiliser tous les jours !
« Ça coûte combien ?
— Pour vous, c'est gratuit !
— Mais pourquoi ?
— C'est un cadeau. »
Tu es un
peu gêné : « Mais ...
Alors merci. Merci
beaucoup.
— Avec plaisir !
— Alors, bonne
journée et au re-
voir. »
Alors que tu es en
train de sortir du

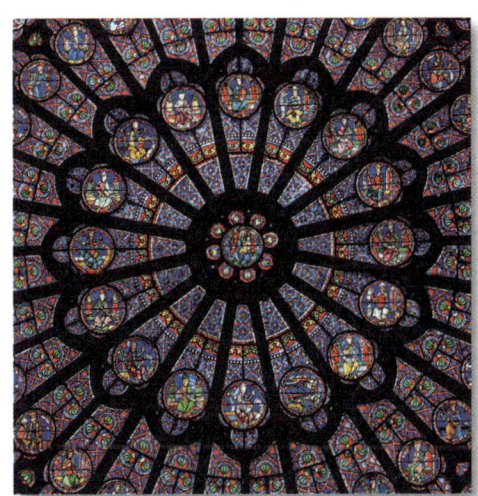

magasin, la femme t'arrête et te dit : « Mais attendez ! Pourquoi est-ce que vous êtes aussi **pressé** ? Un instant … »

Elle disparaît dans l'**arrière-boutique**.

Quand elle réapparaît, elle a un large sourire sur son visage. *Encore ?* Tu as un sentiment de **déjà-vu**. Tu n'es donc pas vraiment surpris lorsqu'elle te donne une nouvelle feuille.

« Il y a encore **plein de** monuments à Paris qui valent le détour ! Alors voici le prochain monument que vous allez pouvoir découvrir aujourd'hui. **À proximité de** ce monument, vous allez trouver des cafés pour y faire une petite pause. » Elle te regarde des pieds à la tête, puis elle sourit. Elle a l'air contente et te dit : « Voilà ! Amusez-vous bien ! »

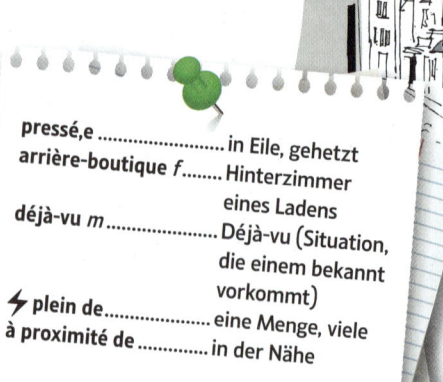

pressé,e .... in Eile, gehetzt
arrière-boutique *f* .... Hinterzimmer eines Ladens
déjà-vu *m* .... Déjà-vu (Situation, die einem bekannt vorkommt)
⚡ plein de .... eine Menge, viele
à proximité de .... in der Nähe

La géométrie des couleurs

Gefällt dir die große Fensterrose der Kathedrale Notre-Dame? Durch vielerlei Farben und Formen beeindrucken auch diese Fenster. Eins davon gibt dir einen deutlichen Hinweis auf dein nächstes Ziel – aber welches?

À votre service !

Tu **restes assis** sur le banc encore un **instant**. *Qui a dessiné ce plan de Paris ? Qui veut m'envoyer dans un bistro ? Est-ce que c'était vraiment une bonne idée de voyager à Paris ? Ou était-ce **plutôt** une idée stupide ? Peut-être que je **suis en train de** risquer mon **boulot** ?*

Tu es un homme qui n'aime pas **faire les choses à moitié**. Maintenant que tu es à Paris, tu veux **en profiter**. Tu décides donc de marcher en direction du 8ème arrondissement et d'y chercher le bistro.

C'est le début de l'après-midi et il y a **beaucoup de monde** dans la

Profiter de qc heißt nicht nur „von etwas profitieren", sondern wird oft auch im Sinne von „Spaß haben" oder „die Zeit gut nutzen" verwendet. Fährt jemand in den Urlaub, kann man z. B. sagen: *Profite!*

rester assis,e	sitzen bleiben
instant *m*	Augenblick
plutôt	eher
être en train de faire qc	gerade dabei sein, etw. zu tun
boulot *m*	Job, Arbeit
faire les choses à moitié	halbe Sachen machen
profiter de qc	etw. nutzen, etw. genießen
beaucoup de monde	viele Leute

s'étaler sur	sich breit machen
coin *m*	Ecke
moto *f*	Motorrad
Galeries Lafayette *f,pl*	frz. Kaufhauskette
apercevoir	entdecken, bemerken
nœud *m*	Knoten
rimer	sich reimen
pigeon *m*	Taube
rigoler	Spaß machen, scherzen

rue. Comme il fait beau, les gens sont assis aux terrasses des cafés et des restaurants qui **s'étalent sur** les trottoirs et aux quatre **coins** des petites places.

Il y a aussi beaucoup de voitures, de **motos** et surtout de vélos ! Tu passes devant la Grande Synagogue et les **Galeries Lafayette**, puis tu te diriges vers des rues plus petites. Alors que tu traverses un square, tu **aperçois** un petit bistro avec quelques tables sous des platanes. Sur le store bleu du bistro, tu lis le nom : « **Nœud** bleu ». Tu trouves que ça **rime** joliment bien. Tu as le sentiment que c'est le bon bistro ! Tu t'assois et tu regardes les **pigeons** qui cherchent, eux aussi, quelque chose à manger.

« Bonjour Monsieur, vous voulez voir la carte ?

— Oui, merci. »

Le serveur, la cinquantaine, a un visage rond et les cheveux gris. Il porte des lunettes et semble être de bonne humeur. Pendant que tu regardes le menu, il **rigole** avec ses collègues. Quand le serveur vient vers toi, il sourit toujours.

« Vous avez choisi quelque chose ?

— Pas vraiment. Euh … Pouvez-vous me recommander quelque chose ?

— Absolument. Essayez notre soupe à l'oignon. Elle est trop bonne, surtout maintenant, à l'automne. »

Quand le serveur t'apporte le repas, il te **regarde des pieds à la tête**.

« Vous êtes Allemand, non ?

— Oui. Pourquoi ? Mon accent est si lourd que ça ?

— Ça va. Il est mieux que le mien en allemand en tout cas. » Il te fait un clin d'œil. « Moi, c'est Philippe. Bienvenue à Paris ! »

La soupe te fait du bien. Après le repas, tu observes les passants dans le square. Tu vois une femme qui **promène une poussette**, dans **lequel** un bébé crie. **Tu t'inquiètes** : tu dois encore trouver une chambre pour cette nuit. Et faire des recherches sans portable, ce n'est pas facile.

Alors, le serveur s'approche et te demande :

regarder des pieds
à la tête .... von Kopf bis Fuß
                                            mustern

promener une
poussette .... einen Kinderwagen
                                            schieben

lequel, laquelle............. welche/r/s

s'inquiéter..................... sich Sorgen ma-
                                            chen

« Qu'est-ce que je vous sers encore ? Un **crème** ? »
Quand le serveur t'apporte le café, tu **hésites** … puis tu lui demandes : « Euh … pouvez-vous me recommander un hôtel ou une chambre ? Je veux rester à Paris pour une nuit. »

« Juste une nuit ? Mais notre belle ville **mérite** qu'on y reste plus long-temps ! » Le serveur rit et s'assoit alors à côté de toi.

« Si vous me permettez … Oui, je peux vous aider. Je connais un petit appartement où vous pouvez rester … même pour un **séjour** plus long, si vous le voulez. » Il te regarde alors, plein d'espoir.

« C'est l'appartement d'une copine. Elle n'est pas à Paris en ce moment. Elle va être heureuse de savoir que vous profitez de son appartement. C'est un **deux-pièces** avec une cuisine, un petit balcon … »

Tu es surpris. « Merci. C'est vraiment très gentil. Il va coûter combien, cet appartement ? »

Le serveur te sourit d'un air **malicieux** et te fait comprendre qu'il ne veut pas discuter avec toi

(café) crème *m*	verlängerter Kaffee mIt etw. Milch oder Sahne
hésiter	zögern
mériter qc	etw. verdienen, einer Sache würdig sein
séjour *m*	Aufenthalt
deux-pièces *m*	Zweizimmerwoh-nung
malicieux,-se	*hier:* schelmisch

Achtung: *Visiter* kann man nur Städte, Museen, Bauwerke etc. Will man Menschen besuchen, so benutzt man *rendre visite à qn* oder *aller voir qn.*

d'argent pour le moment. Il te donne quelques **feuilles** de papier.

« Voilà un plan du métro parisien. Et sur cette feuille, il y a une **énigme** avec les directions pour trouver l'appartement. Mais je vous conseille de visiter d'abord la tour Eiffel. Visiter la tour Eiffel est **incontournable** à Paris. Et voici une autre énigme. C'est une charade. Alors, je vous souhaite un bon séjour à Paris. Et si vous avez des questions ou si vous voulez bien manger, n'hésitez pas à revenir !

Eine *charade* ist ein Rätsel, bei dem zuerst einzelne Silben oder Teilwörter und dann das gesamte Wort umschrieben werden. Oft wird dabei mit Homofonen gespielt: Wörtern oder Silben, die zwar gleich klingen, aber unterschiedlich geschrieben werden.

— Bien sûr ! Merci encore et au revoir, Philippe !
— **À votre service !** »

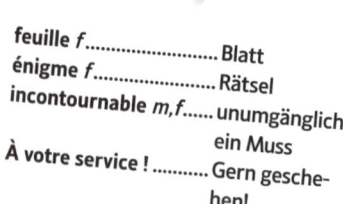

feuille *f* .... Blatt
énigme *f* .... Rätsel
incontournable *m,f* ...... unumgänglich, ein Muss
À votre service ! .... Gern geschehen!

Les boissons

Findest du dich auf einer Speisekarte schon zurecht? Kennst du die Namen der Getränke auf Französisch? Dann hast du das Rätsel des Kellners sicherlich schnell gelöst!

Qui suis-je?
Mon premier est une boisson.
Mon deuxième est une boisson.
Mon troisième est une boisson.
Mon tout est une boisson.

Hast du herausgefunden, welches Getränk gesucht ist? Dann suche nun ein Kapitel, das so gut zum Getränk passt wie *nœud* zu *bleu*.

La place de l'Étoile

Ce n'est pas très difficile.
Comme tu deviens un
vrai expert en énigmes,
tu trouves très vite la solution à cette nouvelle
devinette : une des
images te semble
connue – on dirait
que ce sont des
rues dans une ville.

Tu te rappelles la vue du haut de la tour Eiffel et tu
comprends alors : une partie du décor du « vitrail »
forme une étoile (ou plutôt un petit soleil) – tout
comme les rues qui se rejoignent à la Place de l'Étoile.
Ta prochaine destination, c'est donc l'Arc de Triomphe.
Tu retournes à la station de métro « Cité », tu descends
une station plus loin à la station « Châtelet ». Eh oui,
c'est cette station de métro très chaotique, mais **cette
fois-ci**, tu trouves plus facile de t'y orienter. Tu vas très
vite à la plateforme
des rames de
la ligne 1. C'est

devinette f .... Rätsel, Rätselfrage
cette fois-ci .... dieses Mal

la ligne qui circule sans conducteur. Cette fois, tu ne trouves plus cela inquiétant. Tu te laisses tomber dans un siège et pendant un court instant, tu te sens presque comme un Parisien. Tu penses alors: *Qui sait ? J'aimerais* peut-être même vivre ici ?
Tu descends à la station « Charles de Gaulle-Étoile ». Quand tu sors dans la rue, tu entends le bruit de beaucoup de voitures. Comme tu l'as déjà vu du haut de la tour Eiffel aujourd'hui, il y a bien ici un énorme **rond-point**, les voitures y circulent très vite. Les bus, et les motos aussi !
Tu décides de regarder l'Arc de Triomphe de plus près. Un passage souterrain te mène au monument. Sur les murs du monument, on trouve les noms de grandes **batailles** et de personnalités militaires, surtout des généraux. Sous l'Arc, il y a la tombe du soldat

j'aimerais .... ich würde mögen ..., ich würde gerne ...
rond-point *m* .... Kreisverkehr
bataille *f* .... Schlacht

inconnu. Tu montes sur la plateforme du toit du monument. La
vue est **splendide**. Tu comptes
douze rues qui se rejoignent
au niveau de cet énorme rond-
point ! Une d'elles est la fameuse
Avenue des <u>Champs-Elysées</u>.
Beaucoup de gens sont assis aux
terrasses des cafés et des restaurants. Toi aussi, tu as envie
de manger quelque chose et tu
redescends de la plateforme.

> Die Prachtstraße
> zwischen der *Place de la
> Concorde* und der *Place
> de l'Étoile* (*Place
> Charles-de-Gaulle*) ist
> weltberühmt. Ihr Name
> bedeutet übersetzt so
> viel wie „Prachtstraße
> der elysischen Felder".
> Ins Elysion werden in der
> griechischen Mythologie
> nach ihrem Tod die von
> den Göttern geliebten
> Helden versetzt.

Tu tournes dans l'Avenue de la Grande-Armée et là, tu
aperçois un petit café avec une jolie terrasse et une
belle vue sur l'Arc de Triomphe. Tu commandes un
sandwich jambon-fromage et un grand verre d'eau.
*Et maintenant ? C'est quoi, le prochain lieu que je dois
découvrir ? Pourquoi est-ce que je n'ai pas encore de
nouvelle* **piste** *?* Il est midi maintenant et
je **devrais** penser à mon retour à Stuttgart.
Puis, tu te souviens : *Mince ! Je n'ai toujours pas de*

splendide *m,f*.................. wunderbar, präch-
tig, strahlend
piste *f*............................Spur, Hinweis
je devrais … ....ich sollte, ich
müsste …

attirer .... anziehen
(attraktiv sein)

portable ! Donc
je ne peux pas acheter un billet de
train en ligne. Bon, je vais essayer de l'acheter à la
gare. Et je devrais aussi essayer de retrouver mon
portable. Peut-être qu'il y a un bureau des
objets trouvés à la gare. Je vais <u>tenter ma</u>
<u>chance</u> *!*

Mais tu hésites … Tu sens que tu n'es pas
encore prêt à partir. Paris te fascine, et il y a quelque
chose qui t'**attire**, qui te donne
envie de rester plus longtemps.
Tu commandes donc encore un
crème et … quelques madeleines.
Tu es en train de boire ton café
et d'observer les passants dans
la rue quand tout à coup, tu la
vois ! Tu n'en crois pas tes yeux !
C'est ELLE, non ? La vendeuse de
la gare de Stuttgart aux cheveux
noirs et au chemisier rouge !
Tu réagis très vite : tu mets
trente euros sur la table et tu
cries au serveur : « Je laisse
l'argent à ma place. Je dois partir. Désolé ! » Tu cours
déjà et tu ajoutes : « Merci et au revoir ! »

Das deutsche Wort
„Glück" hat im Französischen zwei Entsprechungen: *chance* bedeutet
„Glück" im Sinne von
„Glück haben", so wie
hier: *Je vais tenter ma
chance* = Ich werde mein
Glück versuchen. „Glück"
im Sinne von „glücklich
sein" ist mit *bonheur* zu
übersetzen, zum Beispiel
trouver mon bonheur =
mein Glück finden.

Est-ce juste un rêve ?

Träumst du? Oder kann es wirklich sein, dass gerade die Verkäuferin aus der Bahnhofsbäckerei an dir vorbeigelaufen ist? Versuche, die geheimnisvolle Fremde im Straßengewirr der französischen Hauptstadt wiederzufinden!

Les morts et les immortels

Tu es fier. Tu as de nouveau trouvé la solution d'une énigme : tu dois prendre le métro et aller à la station du <u>Père-Lachaise</u>. Le « Père-Lachaise », c'est le nom du cimetière le plus connu et le plus grand de Paris.

Tu sais qu'il y a aussi bien un monument très **célèbre** juste à côté de la Place du Tertre : la **Basilique** du Sacré-Cœur de Montmartre – une belle et grande église blanche sur la **butte** Montmartre. Mais là, maintenant, tu n'as pas le temps pour une visite. Tu veux d'abord savoir qui se cache derrière cette histoire.

Un peu plus tard, tu arrives à la station du Père-Lachaise. Tu sors dans la rue et tu vois un

Der Friedhof Père-Lachaise hat natürlich nichts mit einem Stuhl zu tun, sondern ist nach dem Jesuitenpater François d'Aix de Lachaise benannt, der als Beichtvater Ludwig XIV. Einfluss am Hof des „Sonnenkönigs" hatte. Der Friedhof wurde Anfang des 19. Jahrhunderts auf einem früheren Grundstück Lachaises angelegt.

célèbre *m,f* .... berühmt, gefeiert
basilique *f* .... Basilika (Kirche)
butte *f* .... Anhöhe

joli panneau « Métropolitain » très typique de Paris, de style « Art Nouveau ». Sous le panneau, il y a un plan de la ville avec toutes les lignes de métro. Juste à côté, tu découvres une petite feuille que quelqu'un a fixée sur la **balustrade**. Tu la prends et tu lis : « Le cimetière **vaut** le détour ! » Tu retournes la feuille, de l'autre côté, il y a une nouvelle énigme. Tu décides alors de te

promener dans le cimetière. Les **tombes** sont de vrais monuments avec de nombreux décors. Il y a aussi plusieurs mausolées. Des petits chemins passent entre de vieux arbres – on dirait une forêt en plein cœur de

la ville. C'est pour cela que beaucoup de Parisiennes et Parisiens aiment s'y promener ou profiter du soleil sur les nombreux bancs du parc.
Toi aussi, tu décides de te reposer sous un magnifique platane sur un de ces bancs. Un petit **écureuil** t'observe et **saute** en haut de l'arbre.
Tu regardes le plan du cime-

balustrade *f* .... Geländer, Brüstung
qc vaut qc .... etw. ist etw. wert, etw. lohnt etw.
tombe *f* .... Grab
écureuil *m* .... Eichhörnchen
sauter .... springen

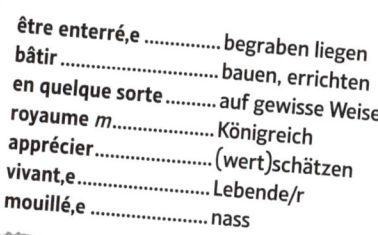

être enterré,e .... begraben liegen
bâtir .... bauen, errichten
en quelque sorte .... auf gewisse Weise
royaume *m* .... Königreich
apprécier .... (wert)schätzen
vivant,e .... Lebende/r
mouillé,e .... nass

tière que tu as pris à l'entrée. Il y a vraiment beaucoup de personnes cé-lèbres qui **sont enterrées** ici. Tu découvres les noms des écrivains Molière, Marcel Proust et Honoré de Balzac, de l'écrivaine Colette et du poète Jean de la Fontaine. Tu lis les noms de compositeurs : Georges Bizet qui a écrit « Carmen », et Frédéric Chopin qui est connu pour ses valses. Il y a les chanteuses Maria Callas et Édith Piaf. Tu connais aussi le nom d'Armand Peugeot grâce aux voitures, et celui de Georges-Eugène Haussmann, « l'homme qui a **bâti** Paris ». Toutes ces personnes sont mortes aujourd'hui – mais elles restent **en quelque sorte** immortelles. On ne les oublie pas !

Environ un million de personnes sont enterrées ici. C'est difficile à imaginer, c'est vraiment beaucoup. Et chaque année, plus de trois millions et demi de visi-teurs viennent visiter cet endroit. On dit donc qu'il est le cimetière le plus visité au monde. C'est un véritable **royaume** des morts **apprécié** des **vivants**.

Tu sens l'odeur des feuilles **mouillées** et le soleil te réchauffe le corps. Tu es prêt pour la prochaine énigme et tu regardes ta notice de papier.

Où aller après le cimetière ?

In diesem Wortgitter sind die Namen berühmter verstorbener Persönlichkeiten versteckt. Wenn du alle findest, wirst du bald wissen, wohin dich dein Weg als nächstes führt.

Suche senkrecht, waagrecht und diagonal – und auch "rückwärts"!

S	T	C	H	O	P	I	N	U	F	V	A
A	S	V	M	I	R	S	I	T	O	E	R
L	L	A	O	C	O	A	T	H	N	E	N
L	D	R	L	A	U	L	E	N	T	N	O
A	T	R	I	E	S	D	A	M	A	E	D
C	O	L	E	T	T	E	E	M	I	P	A
R	A	I	R	S	T	O	S	U	N	P	E
U	X	Z	E	P	R	S	E	E	E	N	D
R	E	L	L	E	U	M	E	G	T	R	O
E	T	S	O	A	R	T	I	R	U	A	L
A	S	T	H	A	B	T	B	I	Z	E	T
I	O	N	C	I	T	E	F	A	I	P	P

Vers un nouveau départ

Mais oui, en fait c'est facile ! Tu te rappelles maintenant que tu n'as pas encore visité un monument : celui qui est situé juste à côté de la Place du Tertre : la Basilique du Sacré-Cœur de Montmartre.

Tu prends encore une fois le métro à la station « Abbesses » et tu sors. Après quelques minutes de marche à pied, tu arrives à la Place du Tertre. Cette fois, tu la traverses très vite …

Tu tournes au coin de la rue et la voilà : la basilique du Sacré-Cœur, avec sa splendide blancheur et ses grandes coupoles. Un escalier mène vers trois arcades et, derrière celles-ci, trois portes en bronze. La vue est incroyable de l'escalier de la basilique.

C'est pour cette raison que l'escalier est plein de gens. Beaucoup de monde y est assis et profite de la vue, du soleil et … de la musique d'un groupe de jeunes. Deux types jouent de la guitare et un autre joue du **tambour**, une fille chante. Ils ont du

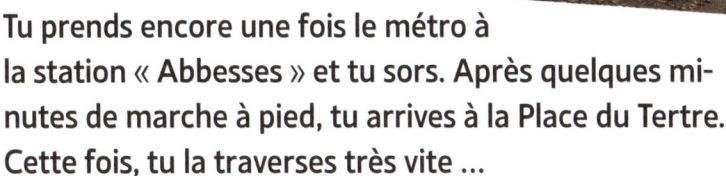

départ *m*..................... hier: Start, Aufbruch

tambour *m*................... Trommel

pièce f	Zimmer, Stück; *hier*: Münze, Kleingeld
tapoter qn sur l'épaule f	jdm. auf die Schulter klopfen
faire de la place à qn	jdm. Platz machen

talent ! Une deuxième fille marche le long du public avec un chapeau à la main : elle recueille les quelques **pièces** d'argent que les gens veulent bien donner aux musiciens. Toi aussi, tu donnes deux euros, puis tu t'assois. Un concert en plein air gratuit, c'est trop sympa !

Les jeunes musiciens jouent du reggae quand quelqu'un **te tapote sur l'épaule**. Tu sais que c'est ELLE avant même de te tourner.

« Hallo! Und? Gefällt dir Paris? Mais maintenant, je peux te parler en français – non ? »

— Euh … Oui ! J'aime Paris. Et oui ! Tu peux me parler en français !

— Très bien ! Alors on écoute ce concert ensemble ?

— Avec plaisir ! »

Tu **lui fais de la place** sur les marches et elle s'assoit à côté de toi. Elle te sourit.

« On peut aussi aller danser ce soir, si tu veux.

— Oui, pourquoi pas !

— **Marché conclu** ! »

Tu regardes la mer blanche de maisons au loin, illuminée par le soleil. Tu penses alors : *Après cette chanson, je vais appeler ma cheffe. Je vais demander à la belle inconnue si je peux utiliser son portable.* Tu ne sais pas encore comment tu vas le dire à ta cheffe, mais tu veux rester à Paris. Paris est magique et a beaucoup à offrir — ainsi que cette formidable femme à tes côtés. Tu te sens de nouveau très libre et tu te dis : *Oui, c'est bien vrai. Il faut profiter des opportunités que la vie nous offre !*

⚡ Marché conclu !....... Abgemacht !

Une place au calme

Après la visite de la tour Eiffel, tu es excité. Tu penses à tes grands-parents. Ils n'ont pas beaucoup voyagé – mais un jour, ils sont allés à Paris. Et ils ont toujours parlé de ce voyage. Tu penses : *c'est vrai qu'il faut profiter des* **opportunités** *que la vie nous offre.*
Tu passes devant le Dôme des Invalides, sur le Pont Alexandre III au-dessus de la Seine avec ses bateaux **accostés le long des rives** – mais tu n'**y prêtes** pas **attention**. *Est-ce que tous ces gens que j'ai vus du haut de la tour Eiffel : le père énervé, la vieille dame avec le chien, le jeune couple ... sont heureux ? Est-ce qu'on est plus heureux si on partage sa vie avec quelqu'un ? Faut-il avoir des enfants ? Ou plutôt un hobby intéressant, une vraie passion ?* C'est seulement à la Place de la Concorde que tu t'arrêtes. Tu as envie de **te reposer** – et heureusement il y a le Jardin des Tuileries **juste à côté** ! Tu entres par une des grandes

opportunité f	Gelegenheit, Chance
accoster	*hier*: festmachen, anlegen
le long de	entlang von
rive f	Ufer
prêter attention à qc	etw. Aufmerksamkeit schenken
se reposer	sich ausruhen
juste à côté de qc	gleich neben etw.

portes du parc. L'atmosphère est ici **gaie** et **paisible** à la fois. Tu vois des allées d'arbres, de vastes **pelouses** et une grande **roue**. Tu découvres aussi des **bassins**,

de jolies sculptures et des petits cafés. Beaucoup de gens se promènent dans le parc – et d'autres personnes s'y reposent. Il y a **des centaines de** chaises et de **fauteuils** verts qu'on peut utiliser gratuitement. On peut les déplacer et les mettre là où un veut. Des gens sont assis et **bavardent** ou prennent un petit bain de soleil.

Die ersten Stühle für den *Jardin des Tuileries* wurden im Jahr 1923 hergestellt. An ihrem Erscheinungsbild hat sich bis heute nichts geändert, sie sehen noch immer so aus wie in den *Années Folles* – wie die 1920er Jahre auf Französisch genannt werden.

gai,e	fröhlich, heiter
paisible *m,f*	friedlich
pelouse *f*	Rasen
roue *f*	Rad; *hier*: Riesenrad
bassin *m*	Schwimmbad; *hier*: Wasserbecken
des centaines *f, pl* de	Hunderte von
fauteuil	Sessel; Stuhl mit Armlehnen
bavarder	plaudern
caché,e	versteckt

Caché au milieu des arbres, tu découvres un carrousel. Tu t'assois juste à côté et tu

monter un cheval	ein Pferd reiten
volant *m*	Lenkrad
⚡ bolide *m*	Rennwagen
s'adresser à qn	sich an jdn. wenden
franchement (*Adverb*)	ehrlich gesagt
se tromper de qc	etw. verwechseln, sich mit etw. täuschen

observes les enfants qui **montent les chevaux** ou sont au **volant** de petits **bolides**.

Une mère **s'adresse à** toi : « C'est bien dommage qu'on n'autorise pas les parents à monter sur les manèges, n'est-ce pas ?

— Oui, c'est vrai.

— Vous êtes touriste ?

— Euh, **franchement**, je ne le sais pas. »

La mère te regarde, stupéfaite. « Vous ne le savez pas ? »

— Non. J'avais un rendez-vous à Munich aujourd'hui. Mais je suis monté dans le mauvais train.

— Dans le mauvais train ? Vous rigolez ?

— Je **me suis trompé de** voie. »

La femme rit. « Je crois plutôt que vous l'avez fait **exprès**.

— Oui, probablement. C'est vrai que maintenant je suis bien content d'être ici, à Paris. »

Le carrousel s'arrête et le fils de la femme descend de son cheval. Il est **fier**. « Mamaaan ! »

La femme te sourit. « Je dois y aller. Mais je vous souhaite un très bon séjour à Paris. Profitez bien !

— Merci ! Une bonne journée à vous aussi. »

Tu **es prêt à** chercher l'appartement que le serveur t'a recommandé. Tu t'achètes un crème **à emporter**, tu t'assois encore une fois sur une chaise verte et tu regardes le plan du métro parisien.

exprès............................ absichtlich
fier/-ère .... stolz
être prêt,e à faire qc.... bereit sein, etw. zu tun
à emporter................... zum Mitnehmen

Les drôles de noms du métro parisien

Auf dem Pariser U-Bahn-Plan findet man viele interessante und ungewöhnliche Stationsnamen. Einige werden hier beschrieben. Kannst du sie auf dem Plan finden?

1. Qu'une station de métro porte le nom d'une femme (ou d'une pâtisserie ?), ce n'est **pas si étonnant que cela** …

Mais quand le métro parisien **rend hommage aux** capitales de deux pays étrangers, n'est-ce pas plus étrange ?

2. Encore plus surprenant : Une station de métro porte le nom d'un **ustensile de cuisine**. On le trouve surtout dans les cuisines de restaurants et on l'utilise pour y cuire du poisson.

Le métro parisien honore aussi des **points cardinaux.** C'est presque logique quand on pense aux trains qui quittent la capitale française dans ces directions. Cherche la station où on doit sortir si on veut voyager en Allemagne.

Le métro parisien rend aussi hommage à un pays voisin. Vu que le métro honore déjà sa capitale, cela **non plus** n'est pas si étonnant que cela …

Bizarrement, il existe aussi une station qui porte le nom d'un objet très utile pour conserver les **aliments** au froid et les transporter. Quel drôle d'idée de donner un **tel** nom à une station de métro !

ne … pas si étonnant,e que cela	nicht so erstaunlich
rendre hommage *m* à qn/qc	jdn./etw. ehren, würdigen
ustensile *m* de cuisine *f*	Küchengerät
point cardinal *m*, points cardinaux *pl*	Himmelsrichtung
non plus	auch nicht
aliment *m*	Lebensmittel
tel/le	eine,e solche,r, s

Dieses Rätsel beschreibt die Stationsnamen mit einem Augenzwinkern. Die *wahren* Gründe für die jeweilige Namensgebung erfährst du auf Seite 90.

Des voiliers dans la ville

« Bravo, c'est correct ! » La vendeuse te sourit et applaudit avant de mettre le dernier macaron dans la boîte. Elle ferme la boîte et dit à voix basse : « C'est vrai que cet homme ne fait pas les choses à moitié. » Elle continue à voix plus haute : « Vous vous rappelez sans doute les macarons de ce matin ? »

— Oui, je me disais qu'il doit y avoir un certain ordre de rangement dans cette boîte …

— Oui, tout à fait ! Donc je vous donne une piste pour la prochaine énigme – au fait, c'est la prochaine, mais aussi la dernière énigme !

— Vraiment ? Ouf ! Franchement, je suis soulagé. Je suis un peu fatigué.

— Rien d'étonnant après un tel parcours dans Paris !

— Mais j'ai vu beaucoup de choses en peu de temps !

— Oui, je sais. Elle a longtemps réfléchi comment organiser ce tour de Paris. Donc … » La vendeuse s'interrompt. « Non ! Je ne veux pas trop en raconter ! Mais vous devez aller au <u>Jardin du Luxembourg</u>, c'est dans le 6ème arrondissement. Là-bas, il y a

voilier *m*	....	Segelboot
rangement *m*	....	*hier:* Anordnung
Tout à fait !	....	Genau! Richtig!
s'interrompre	....	innehalten, stocken

loueur,-se .... Vermieter/in,
Verleiher/in
bateau *m*, bateaux *pl*
à voile *f* .... Segelboot
équipé,e de .... ausgestattet mit

?/

Der *Jardin du Luxem-bourg* ist die Parkanlage, die zum *Palais du Luxembourg* gehört – wo heute der französische Senat sitzt. Ihren Namen haben Park und Schloss vom Besitzer eines Landhauses, das zuvor auf dem Gelände stand – dem Adligen François de Luxembourg, duc de Piney.

un **loueur** de **bateaux à voile** miniatures. Parlez-lui et il va vous aider.
— Un loueur de bateaux à voile ?
— Oui, oui, ... vous allez voir. Il a un petit stand près du grand bassin.
— D'accord. Merci ! »
Pour aller au Jardin du Luxembourg, tu prends encore une fois le métro. Tu descends à la station « Luxembourg ». Après quelques minutes de marche à pied, tu arrives au grand bassin. C'est vrai : il y a bien un loueur de voiliers miniatures – et beaucoup d'enfants, tous **équipés d'**un petit

bâton pour **faire naviguer** leurs petits voiliers. Certains enfants sont vraiment très habiles : ils arrivent à faire traverser tout le bassin à leurs bateaux.

Tu marches vers le loueur de bateaux et tu t'adresses à lui : « Bonjour monsieur, une vendeuse de macarons m'a dit que ... euh ... Avez-vous une dernière énigme pour moi ?

— Une dernière énigme !? Mais oui ! »

L'homme, la cinquantaine, cherche alors dans la poche de son jean et te donne une nouvelle notice.

« Voilà. Ce n'est pas très difficile. Il faut juste savoir à quel monument aller. »

Tu as envie de poser des questions pour en savoir plus. Mais le loueur ne te prête plus aucune attention. Déjà, un nouveau client arrive et il veut louer un bateau. C'est une petite fille qui **sautille** devant lui.

« Bonjour monsieur, un bateau s'il vous plaît.

— Bonjour petite demoiselle, quelle couleur de voiles veux-tu pour ton voilier ? »

Tu soupires et tu regardes la dernière énigme sur la feuille. Tu vas bien trouver la solution tout seul !

bâton *m*.......................... Stock, Stab
faire naviguer qc .... etw. segeln lassen
sautiller .... hüpfen, hopsen

La dernière étape

Du willst wissen, was die letzte Station auf deiner verrückten Tour durch Paris ist? Dann lies dir den folgenden Hinweis gut durch.

D'un côté, vous avez déjà vu des monuments très importants comme la tour Eiffel, l'Arc de Triomphe et la cathédrale Notre-Dame de Paris avec ses beaux détails architecturaux. De l'autre côté, il y a encore un monument très célèbre que tu n'as pas encore visité. Lequel ? Va à ce monument !

d'un côté ...
de l'autre côté .... einerseits ...
andererseits ...,
auf der einen
Seite ... auf der
anderen Seite ...

54

L'art **en plein air**

Le matin suivant, tu te réveilles tard. Le soleil **illumine** la chambre et quand tu vas dans la cuisine, l'**horloge** indique qu'il est déjà 10 heures 30 !
De la fenêtre, on a une belle vue sur la rue. Il y a une boulangerie, une charcuterie, un petit supermarché, une phar-macie, un magasin de vêtements et au coin, un café. La vue te donne envie de continuer la visite de Paris.

Mais d'abord, tu as faim ! Tu veux aller à la boulangerie quand tu aperçois un petit-déjeuner qui t'attend déjà sur la table.
Il y a une **cafetière**, un paquet de café **moulu**, un pain au chocolat, un verre de jus d'orange, une pomme et …
des macarons aux **parfums** cassis, orange et pistache. Tu aperçois aussi une petite note :

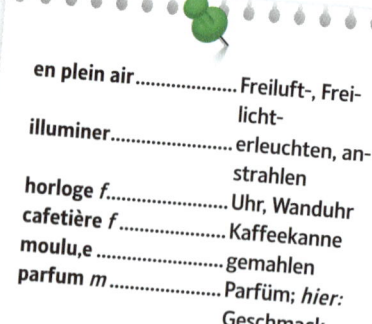

en plein air.................Freiluft-, Frei-licht-
illuminer.....................erleuchten, an-strahlen
horloge f.....................Uhr, Wanduhr
cafetière f...................Kaffeekanne
moulu,e ....gemahlen
parfum m....................Parfüm; *hier:* Geschmack

Bonjour ! J'espère que tu vas aimer ce petit-déjeuner. Aujourd'hui, je te propose de visiter tout d'abord la Place du Tertre. C'est très bien là-bas ! Il y a beaucoup de peintres de talent. Prends le métro à la station « Abbesses ». Bonne journée !
Rappelle-toi : La musique est la vapeur de l'art !
(Victor Hugo)

Une fois de plus, tu trouves cette situation bizarre. *Qui a préparé ce petit-déjeuner pour toi ? La vieille dame ? Ou bien le serveur du bistro ?* Mais tu es en train de **t'habituer au** fait que ce voyage à Paris, est un voyage qui n'est pas normal du tout !

Tu prends ton petit-déjeuner. Le pain au chocolat est trop bon, ainsi que les macarons. La petite cuisine te plaît beaucoup. Dans le buffet, il n'y a pas seulement de la **vaisselle**, mais aussi beaucoup de livres de cuisine – une fois de plus ! Dans la salle de séjour, il y a un grand sofa et deux fauteuils, et aussi un **chevalet** et des **toiles** dans un coin. Est-ce que c'est l'appartement d'une étudiante des **Beaux-Arts**, peut-être ? Ou plutôt d'une boulangère-pâ-

peintre *m, f*	Maler/in
vapeur *f*	Dampf
s'habituer à qc	sich an etw. gewöhnen
vaisselle *f*	Geschirr
chevalet *m*	Staffelei
toile *f*	Tuch; *hier:* Leinwand, Gemälde
les beaux-arts *m, pl*	bildende Kunst, die Schönen Künste

tissière ? Et la vieille dame ? C'est peut-être la grand-mère de cette femme ? Ou est-elle la **propriétaire** ? Bon, peu importe … ! Il est temps de partir !
Après un peu plus d'une demi-heure, tu sors à la station de métro Abbesses, dans le **quartier** Montmartre. Encore quelques minutes de **marche à pied** – et tu arrives à la Place du Tertre.
Il y a des peintres de talent, c'est vrai, mais *franchement*… Tu n'aimes pas toutes les œuvres que tu vois. Ce que tu aimes beaucoup ici, c'est l'atmosphère. **Tant de** gens créatifs **réunis** au même endroit !
Quand tu <u>repenses</u> à la note sur la table, tu comprends que la Place du Tertre n'est que la première étape de la journée. Où aller ensuite ? Tu es sûr d'une chose : un de ces peintres connaît une des personnes que tu as rencontrées …

Versieht man Verben mit der Vorsilbe *re*, wird damit häufig ausgedrückt, dass etwas nochmal oder wieder getan wird, z. B. *retrouver* = wieder finden. Oder es spielt, so wie hier, die Bedeutung „zurück" mit rein: *repenser à* = zurückdenken an.

propriétaire *m/f* .... Eigentümer/in, Vermieter/in
quartier *m* .... Stadtviertel
marche *f* à pied *m* .... Fußmarsch
tant de .... so viel,e …
réuni,e .... versammelt

À qui parler ?

Du beschließt, einen der Maler auf der *Place du Tertre* anzusprechen. Aber wer kann dir weiterhelfen?

64

31

88

49

18

58

70

Un beau **sommet** !

Pour t'orienter tu regardes encore une
fois le plan de Paris sur le sachet des madeleines. *Bon, la tour Eiffel c'est en direction du sud-ouest. Et si je me perds,
je peux toujours demander
à quelqu'un.*
Pendant que tu marches, tu
es perdu dans tes pensées :
*Pourquoi le serveur ne m'a-t-il pas donné une adresse
exacte ? Peut-être qu'il veut me se moquer de moi ?*
Ton voyage à Paris te semble de plus en plus bizarre.
Quand tu arrives au pied de la tour Eiffel, tu **as de la
chance**. Les queues aux caisses ne sont pas trop lon-
gues. Après un peu plus d'une demi-heure d'attente
devant la caisse, tu tiens enfin ton billet dans la main.
Tu as opté pour le billet « escaliers + ascenseur sommet », donc tu vas prendre l'escalier jusqu'au deuxième
étage de la tour,
puis l'ascenseur
jusqu'au som-
met.
Il ne fait ni

sommet *m*.....................Spitze, Gipfel
être perdu,e dans
ses pensées...................in Gedanken vertieft sein
se moquer de qn ....jdn. verhöhnen,
jdn. auslachen
avoir de la chance........Glück haben

chaud, ni froid, donc l'**ascension** de la « Dame de fer » est **agréable** … au début, seulement ! Il y a encore plus de 700 **marches** jusqu'au deuxième étage ! Donc, après quelques minutes, tu es vraiment à bout de souffle.

Au premier étage, tu t'arrêtes un instant pour regarder en bas. La perspective est complétement différente ! Les gens sont déjà si petits ! **On dirait** presque des **fourmis** !

Tu observes les passants dans les Jardins du Trocadéro. Toi, tu les vois, mais eux, ils ne te voient pas – c'est drôle ! **Plus** tu observes les gens, **plus** tu découvres de petits détails intéressants. Un homme qui crie après ses enfants. Une vieille femme qui marche moins vite que son chien. Un grand-père qui promène une poussette. Un couple d'amoureux, une fille avec une guitare et des types qui dansent le break. Tu imagines la vie de tous ces **inconnus** en bas. Tu essaies de **deviner** qui et comment ils sont, ce qu'ils font dans leur vie.

Puis, tu penses à ta propre vie. On te voit **rarement** dans un parc ! C'est **dommage** …

Tu continues ton ascension jusqu'au deuxième

ascension f	Aufstieg
agréable m,f	angenehm
marche f	Stufe
on dirait	als ob, man könnte sagen ein/e, gleich eine/m/r
fourmi f	Ameise
plus … plus	je mehr … desto …
inconnu,e	Unbekannte/r
deviner	raten, erraten
rarement	selten
dommage	schade

étage. D'ici, on ne peut plus vraiment dire si les gens en bas sont des hommes ou des femmes, s'ils sont jeunes ou vieux. Mais on a une très belle vue sur les **toits** de Paris.

L'ascenseur t'**emmène** au troisième étage en une minute et demie – et voilà, tu te retrouves d'un coup à 276 mètres au-dessus du sol. Tu sors de l'ascenseur.

toit *m*............................ Dach
emmener qn/qc............jdn./etw. (hin)
                        bringen, mit-
                        nehmen

Quelle vue ! Quelle ville immense ! Une mer blanche de maisons **à perte de vue** ! C'est très, très joli et aussi très impressionnant. Toi, tu es petit. Tu le sais déjà : tu n'es qu'un homme **ordinaire** qui vit à Stuttgart et qui se trouve par hasard à Paris. Mais tu te sens libre et tu sens le grand nombre d'opportunités que la vie t'offre. Au milieu de cette mer de maisons, tu vois au loin

comme un rocher : c'est l'Arc de Triomphe. Du sommet de la tour Eiffel, on comprend mieux pourquoi la place, où il se tient, s'appelle la Place de l'Etoile ! Les rues **s'y rejoignent** et forment ainsi une étoile. Tu regardes au loin et tu **t'émerveilles**.

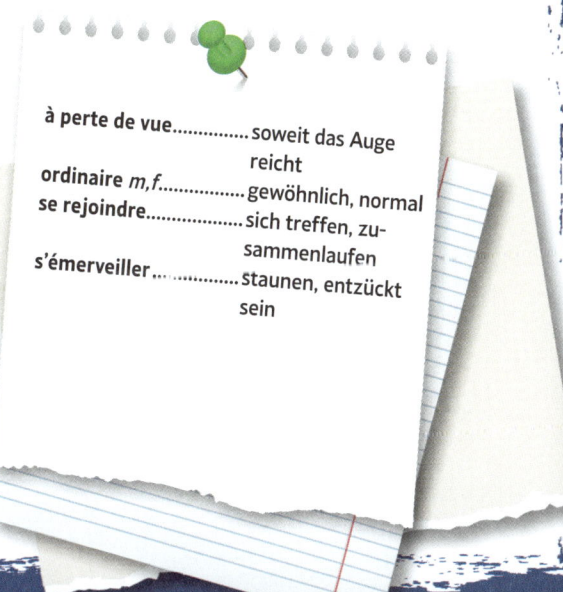

à perte de vue.............. soweit das Auge reicht

ordinaire *m,f*.............. gewöhnlich, normal

se rejoindre.................. sich treffen, zusammenlaufen

s'émerveiller .... staunen, entzückt sein

Les passants et leurs histoires

Bereits der Blick von der ersten Etage des Eiffelturms ist großartig. Von dort lassen sich bestens die Passanten in den *Jardins du Trocadéro* beobachten. Schau sie dir genau an und beantworte dann alle Fragen. Wo geht die Geschichte weiter? Die markierten Buchstaben bringen dich der Lösung einen ganzen Schritt näher.

1. Quelle est la couleur du pull de l'homme qui fait du jogging ?

2. Quelle est la couleur du pantalon de l'homme qui roule à vélo ?

3. Qu'est-ce que promène la femme en robe blanche ?

Une

4. Combien de gens aiment les animaux ?

5. Peux-tu compter toutes les roues ? (Même celles qu'on ne voit pas ...)

rouler à vélo.................. Fahrrad fahren
roue *f*............................ Rad (eines Fahrzeugs)
celui, celle *m,f*; ceux, celles *m,pl/f,pl*............. der-, die-, dasjenige
barbu,e .... bärtig
fauteuil roulant *m*........ Rollstuhl

6. Qu'est-ce que fait l'homme **barbu** qui porte un pantalon rouge ?

Il ▢▢▢▢.

7. Quelle est la couleur des cheveux de la femme en **fauteuil roulant** ?

▢▢▢▢▢

?!

Die Buchstaben sind noch nicht in der richtigen Reihenfolge ...

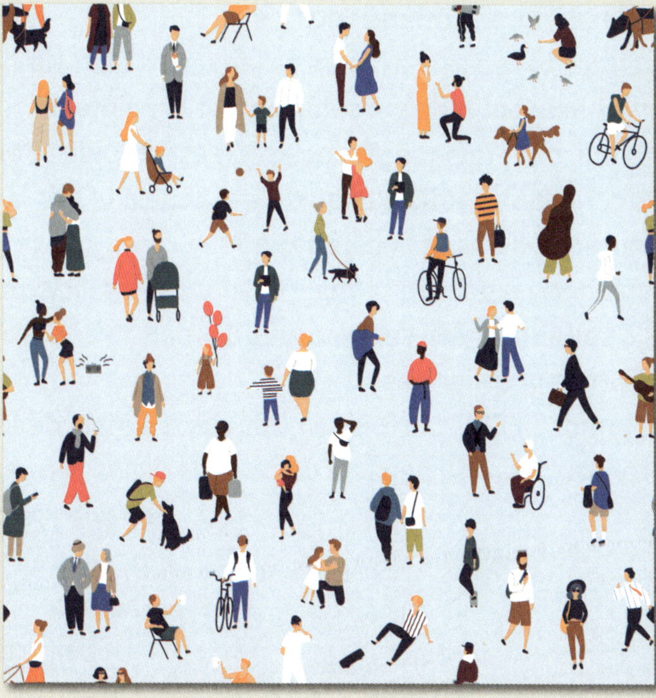

La musique, l'art et l'amour

Le peintre a l'air sympa. Tu hésites un peu, mais puis tu décides de t'approcher de lui et de lui demander. Il **retire** ses **écouteurs** de ses oreilles quand il te voit. Tu espères que tu ne te trompes pas et que tu parles à la bonne personne : « Connaissez-vous quelqu'un qui aime la peinture, comme vous ? »

Le peintre te regarde avec un air amusé. « Bien sûr, je connais beaucoup de gens qui aiment la peinture !

— Ah oui, c'est logique. Ma question est stupide ! Bon, alors connaissez-vous quelqu'un qui aime à la fois la peinture, les livres et la pâtisserie ?

— Aaaah ! » Le peintre te regarde, d'un air malicieux. Puis il **soupire** : « Ah, ces histoires d'amour où on n'**ose** pas **faire** le premier **pas** … »

Tu réponds : « Oui, parfois ce n'est pas si simple de faire le premier pas. » Tu penses : *Je ne vous ai pas demandé ce que vous pensez de l'amour.*

Le peintre prend un pe-

retirer .... *hier:* rausziehen
écouteurs *m,pl* .... Kopfhörer
soupirer.......................... seufzen
oser faire qc.................. wagen, etw. zu tun; sich trauen, etw. zu tun
pas *m*, pas *pl*................. Schritt

tit thermos à côté de son sac à dos. « Tu veux boire un petit café ? » Il te **tutoie** ! Il verse du café dans une petite tasse en plastique. Le peintre te montre ensuite une **chaise pliante** où tu t'assois. Pendant que tu bois ton café, il te demande : « Tu t'intéresses à l'art ?

— Franchement, pas trop. Je n'ai pas trop de talent. Je préfère faire du sport. J'aime jouer au volley-ball et faire du vélo de course. Mais ces derniers temps, je n'ai pas de temps pour ça. **Hélas** !

— Je vois. Eh bien, c'est dommage. Il faut prendre le temps de faire ce qu'on aime dans la vie. Et la musique ? Tu aimes écouter de la musique ou est-ce que tu joues d'un instrument ?

— Non.

In Frankreich siezt man sich deutlich öfter bzw. länger als in anderen Ländern. Wenn man sich schon vertrauter ist, spricht man Menschen auch häufig mit dem Vornamen an, bleibt aber beim „Sie".

tutoyer qn .... jdn. duzen
chaise pliante f .... Klappstuhl
⚡ Hélas ! .... Leider!

— Moi, je <u>joue</u> de la guitare. Et j'écoute toujours de la musique quand je peins. C'est pour cela que j'aime **citer** les **paroles** de Victor Hugo : « *La musique est la vapeur de l'art.* »

— Mais alors c'est vous … euh, c'est toi qui a … »

> Das Verb *jouer* wird bei Sportarten (im engeren und weiteren Sinne) mit der Präposition *à* benutzt : *jouer au foot, au volley-ball, aux cartes* … Für Instrumente benutzt man *de: jouer du piano, de la guitare* …

Le peintre t'interrompt. « Non, non. Écoute, je ne vais pas te dire qui est la personne derrière tous ces indices et toute cette intrigue. »

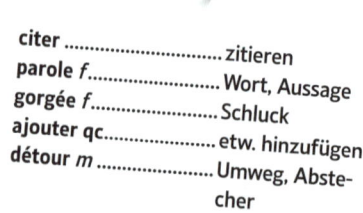

Il prend une **gorgée** de café et te dit : « Au fait, moi, c'est Mathieu. » Puis, il cherche quelque chose dans son sac à dos et te donne trois petites peintures. « Je veux t'offrir ces peintures. Elles sont de moi. Voilà. »

Et il **ajoute** : « Je suis sûr que tu vas aimer cet endroit, il mérite le **détour** ! Excuse-moi, je dois y aller. Salut ! » Et il disparaît dans un des cafés de la Place du Tertre.

citer	zitieren
parole *f*	Wort, Aussage
gorgée *f*	Schluck
ajouter qc	etw. hinzufügen
détour *m*	Umweg, Abstecher

Trois images

Zwar haben dir andere Kunstwerke auf der *Place du Tertre* besser gefallen … Aber wenn du diese drei Bilder nun mal geschenkt bekommen hast, sind sie wohl einer näheren Betrachtung wert. Hast du eine Idee, was dir der Maler sagen will?

Une **course-poursuite**

Tu marches très vite le long de l'avenue de la Grande Armée. Tu cours même ! Tu la vois, à environ 150 mètres devant toi. Tu aimerais crier son nom, mais tu ne le connais pas. Il y a beaucoup de gens dans la rue et tu as peur de la perdre de vue.

Tu en es sûr : c'est elle ! Quand tu repenses à tout **ce que tu as vécu** ces deux derniers jours, ça te semble tout à coup logique. Et tout cela a commencé avec le sachet de madeleines ! *Mais pourquoi voulait-elle me faire aller à Paris ? Pourquoi toutes ces énigmes ? D'où connaît-elle tous ces gens ?* Et il y a encore une chose qui te laisse perplexe : *c'est moi qui me suis trompé de quai !* Tu vois la femme tourner dans une petite rue à droite. Tu ne sais pas si c'est parce que tu marches très vite ou parce que tu penses à la femme en chemi-sier rouge – mais ton cœur **bat la chamade**.

course-poursuite *f*....... Verfolgungsjagd
ce que tu as vécu........... das, was du erlebt hast
battre la chamade........ bis zum Hals
klopfen (Herz)

Après quelques secondes, toi aussi, tu tournes à droite. Deux hommes sont assis sur un banc et ils bavardent, des pigeons cherchent à manger au-dessous des arbres. Au coin d'un petit square, tu aperçois une boulangerie. Et tu vois une femme qui entre dans la boulangerie. Son chemisier est de couleur rouge. *Attends !* Tu marches très vite vers la boulangerie, tu ouvres la porte et tu entres. La boulangerie est **vide** – ou plutôt,

la femme en rouge n'y est pas. Il y a seulement une vendeuse qui te regarde avec un sourire. « Bonjour ! »
Tu ne réponds pas, mais tu regardes autour de toi. Tu es sans aucun doute le seul client. *Mais pourquoi ?* Tu es très **déçu**.
« Vous cherchez quelque chose ?
— Non.
— Mais ?
— Je cherche quelqu'*un*. Pas quelque *chose*.
— Quelqu'un ?
— Oui, une femme en chemisier rouge.

vide *m,f* .... leer
déçu,e .... enttäuscht

La vendeuse te regarde, silencieusement. Tu essaies de lire sur son visage. *Est-ce qu'elle sait de qui je parle ?* La vendeuse **reste de marbre**.

« Bon, je suis désolée, Monsieur. Comme vous le voyez, je suis toute seule ici, dans le magasin. Mais je vous conseille fortement d'acheter quelque *chose* chez moi. Goûtez nos macarons. Ils sont trop bons !

— Vos macarons ? » Tu te rappelles alors les macarons de ce matin et tu es d'accord.

« D'accord. Je vais les goûter.

— Très bien ! Écoutez … Je vais vous préparer une petite boîte avec plusieurs parfums. Je vais mettre tous les macarons dans la boîte – **sauf** un. À vous de deviner lequel doit aller dans la boîte ! Si vous me dites le bon parfum, je peux peut-être vous dire où trouver ce quelqu'*un*. »

Elle sourit et commence à mettre des macarons dans la boîte.

rester de marbre..........keine Miene verziehen

sauf................................außer

Le dernier macaron

Auch in der Bäckerei stehst du also vor einem Rätsel. Die Verkäuferin füllt die Schachtel fast gänzlich mit *Macarons*. Das allerletzte sollst du selbst auswählen. Es kann nur von einer Sorte sein – aber von welcher?

Seite 35   Seite 58   Seite 22   Seite 62   Seite 50

BONUSTEIL

Les mots mixtes

Willst du wissen, wie die schöne Frau neben dir heißt? Dann suche in dieser Aufzählung die Wörter, die nicht ins Schema passen. Wenn du sie gefunden hast, musst du von diesen Wörtern den jeweils zweiten Buchstaben nehmen.

Wenn du nicht weiterweißt, schau dir nochmal den Stand mit den Booten im *Jardin du Luxembourg* an.

marketing, mannequin, impression, perfection, idiot, mailing, meeting, internet, paintball, input, microblog, pixel, paradoxal, illégal, portal, intact, miracle, minnesang, messe

Elle s'appelle ⬜⬜⬜⬜⬜⬜ .

Je te présente...

Und willst du wissen, wem du die letzten zwei Tage begegnet bist und in welcher Beziehung zur geheimnisvollen Unbekannten diese Menschen stehen?

6. clone

4. rème

5. epicon

1. Philippe, le serveur dans le bistro, c'est son

_____.

1. isnoiv

2. La vieille dame qui t'a donné la clé pour son

appartement, c'est la _____.

Elle s'appelle Mathilde.

3. Le peintre Mathieu, c'est son ancien

_____.

2. iroptrépraie

4. Dans la boutique de souvenirs, tu as

rencontré sa _____. Elle s'appelle

Aurélie.

5. Dans la boulangerie-pâtisserie, tu as

parlé avec Virginie, sa meilleure

3. ociracotale

_____.

6. Et le loueur de bateaux, c'est Robert, son

_____.

L'âge est toujours un secret

Fragst du dich schließlich auch, wie alt Amélie ist? Dann versuche, mit diesen leckeren *Tartelettes* zu rechnen.

$$\text{(Schoko)} + \text{(Schoko)} + \text{(Schoko)} = \text{(Zitrone)} + \text{(Vanille)}$$

$$\text{(Pistazie)} + \text{(Pistazie)} = \text{(Zitrone)}$$

$$\text{(Schoko)} + \text{(Schoko)} = 14$$

$$\text{(Pistazie)} - \text{(Schoko)} = \text{(Vanille)} + \text{(Vanille)} + \text{(Vanille)}$$

$$\text{(Pistazie)} + \text{(Schoko)} + \text{(Zitrone)} = \; ?$$

P.S. : L'âge, c'est juste un chiffre.

Un voyage surprise !

Wenn du Lust hast, lädt dich Amélie am Wochenende auf eine Reise in ihre Heimatstadt ein. Man ist mit dem TGV schnell dort. Willst du wissen, wohin es geht? Dann finde heraus, nach welchen Metrostationen hier gefragt ist, und bring die markierten Buchstaben in die richtige Reihenfolge. Hole gerne nochmal den Metroplan hervor.

Auch dieses Rätsel ist mit einem Augenzwinkern zu verstehen. Die wahren Hintergründe für die jeweilige Namensgebung der Stationen findest du auf Seite 84. Achtung, auch hier werden natürlich alle Namen aufgeführt – also nicht spicken.

On y va pour faire la fête quand on termine le lycée ?

☐☐☐☐☐☐

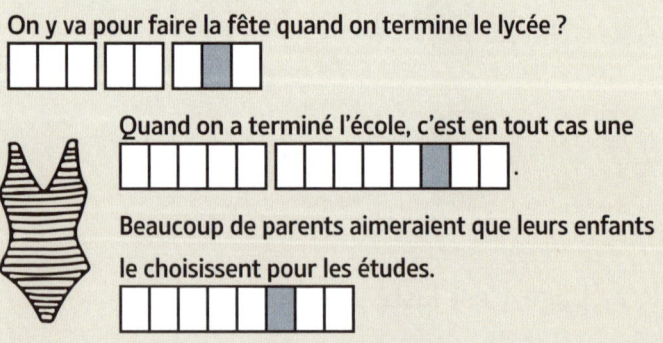

Quand on a terminé l'école, c'est en tout cas une

☐☐☐☐☐☐ ☐☐☐☐☐☐☐ .

Beaucoup de parents aimeraient que leurs enfants le choisissent pour les études.

☐☐☐☐☐☐☐

Mais ce qui compte quand on choisit sa formation, c'est qu'on apprend à maîtriser cela.

☐☐☐☐☐ ☐☐ ☐☐☐☐☐☐☐▨

À propos de « métiers » : il y a un métier, qui n'est pas seulement une profession, mais aussi une vocation.

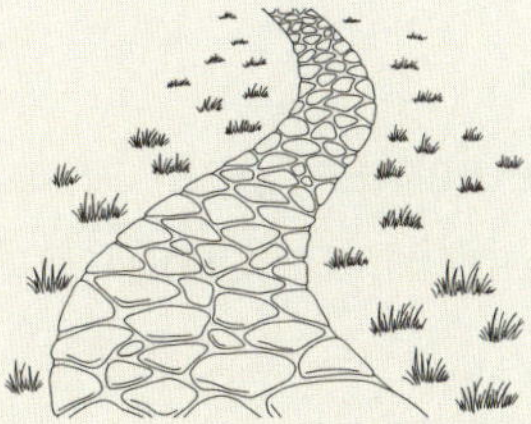

☐☐☐☐▨☐☐

Qu'est-ce qui est le « contraire » d'une « autoroute rouge » ?

☐☐☐☐▨☐☐ ☐☐☐☐

Qu'est-ce qui est le « contraire » d'un « vieux tunnel » ?

☐☐☐☐-☐▨☐☐

Et d'« enlève le manteau » ?

☐☐☐☐☐☐☐▨☐☐☐☐☐

Et qu'est ce qui est le « contraire » de persil, ciboulette et estragon ?

☐☐▨☐☐☐☐☐☐☐☐☐

Solution: Amélie veut aller à ☐☐☐☐☐☐☐☐☐ **!**

Le projet d'Amélie

Vous n'allez pas à Marseille seulement pour le plaisir. Amélie y connaît quelqu'un, c'est son

_____ .

Maintenant il est retraité, mais avant, il avait sa petite entreprise dans la ville. C'était une

_____ .

R ~~E~~

Amélie veut la _____ . C'est
son rêve.

~~RE~~

Mais avant, il faut la
_____. Amélie espère que
son rêve te plaît.

Une ville tournée vers la mer

In Marseille gibt es viel zu entdecken! Die Stadt wartet mit beein-

druckenden
Sehenswürdig-
keiten auf, zum Bei-
spiel der Kathedrale
in der Altstadt oder
der Wallfahrtskirche
Notre-Dame de la Garde, die hoch oben auf einer 160 Meter hohen Anhöhe steht. Letztere ist
eine Bitt- und Dankeskirche der
Seeleute, wovon viele Votivbilder
zeugen.

Es gibt in der Stadt tolle Märkte,
wie den *Marché du Soleil*, auf
denen man fantastische Lecke-
reien erstehen kann.
Rund um den *Vieux Port* kann

man wunderbar
flanieren und in einer
der vielen Bars bei ei-
nem kühlen Getränk

entspannen. Der Seehafen Marseilles ist mittlerweile *Marseille Europort* im Norden der Stadt – im *Vieux*

Port sind vor allem Yachten und Ausflugsschiffe, aber auch Fischerboote zu bestaunen.

Und in Marseille befindet sich auch die Bäckerei von Amélies Großvater. Wenn du wissen willst, wie diese aussieht, dann zähle alle Zahlen auf dieser Doppelseite zusammen. Addiere nochmal 23 und teile dann durch 4. Das Ergebnis ist die Seitenzahl, zu der du blättern kannst.

Donner un nom à un rêve

Vielleicht werden du und Amélie eines Tages
eine Bäckerei in Marseille eröffnen?! Wie könnte
sie heißen? Amélie hat schon eine Idee. Finde
heraus, was sie als Namen vorschlägt.

3 : 8, 9

1 : 1 / 5 : 4,5 / 6 : 7

11 : 3, 4

7 : 1, 2, 3

9 : 6 / 10 : 4, 5 / 11 : 8, 3 / 16 : 8 / 10 : 2, 3, 4 / 5 : 1

Solution :

_____

Un nouveau départ

Wer hätte das gedacht? Innerhalb weniger Tage tun sich vor dir gänzlich neue Perspektiven auf. Du bist ein bisschen verwirrt … Finde den Weg durchs Labyrinth, um zu erfahren, was einer deiner nächsten Schritte ist.

La véritable origine des noms des stations

Rue du Bac: Das Wort *bac* ist zwar die Abkürzung von *baccalauréat* (= Abitur). Der Name der Station hat jedoch nichts mit irgendeinem Abschlusszeugnis zu tun. Sie ist

benannt nach einer Straße am linken Ufer der Seine, wo es früher eine Flussfähre (ebenfalls *bac*) gab.

Bonne Nouvelle: Der Name kommt vom Stadtviertel *Bonne-Nouvelle*. Was genau eine „gute Nachricht" war, ist allerdings nicht mehr ganz klar. Entweder die Zufriedenheit der Bewohner des Viertels. Oder die Verkündigung der Empfängnis Jesu an Maria durch den Erzengel Gabriel, an die dort bis heute eine Kirche erinnert.

Commerce: *Commerce* heißt Handel – und *études de commerce* sind in etwa das Gleiche wie BWL. Namensgebend für die Station ist die *Rue du Commerce*, die einst die Hauptgeschäftsstraße der eigenständigen Gemeinde Grenelle war.

Arts et Métiers: Benannt nach einer der Elitehochschulen Frankreichs, der *Arts et Métiers ParisTech*, an der Ingenieure ausgebildet werden. Die Station der

Linie 11 lohnt einen Besuch. Sie ist durchgehend mit Kupferplatten verkleidet, in denen Bullaugen angedeutet werden. Damit soll an das U-Boot *Nautilus* aus dem Roman von Jules Verne erinnert werden.

Pasteur: *Pasteur* heißt Pfarrer, und um Pfarrer zu werden, muss man sicherlich viel Leidenschaft mitbrin-

gen … Den Nachnamen Pasteur trug aber auch der Biochemiker Louis Pasteur – im 19. Jahrhundert einer der Pioniere auf dem Gebiet der Entwicklung von Impfstoffen. Auch das Verfahren der Pasteurisierung hat ihren Namen von dem Wissenschaftler.

Chemin Vert: Benannt nach der *Rue du Chemin Vert*. Die wiederum hat ihren Namen von einem kleinen Pfad, der seit Mitte des 17. Jahrhunderts durch die damals dort angelegten Gemüsegärten führte.

Pont-Neuf: Der *Pont Neuf* wurde im 16. Jahrhundert als „neue Brücke" erbaut, als die bestehenden vier Brücken Paris nicht mehr reichten. Heute ist der *Pont Neuf*

(Ironie des Schicksals ;-))
die älteste im Original-
zustand erhaltene Seine-
Brücke in der Stadt.

Porte Maillot: Der Name kann übersetzt werden mit „Trag einen Badean-zug" oder „Trag ein Trikot" – Sinn ergibt das natürlich nicht. Tatsächlich stand an der *Place de la Porte-Maillot* einst ein Stadttor, daher also *porte*. Der Name *mail-lot* geht wohl zurück auf das *jeu de mail*, ein mit dem Krocket verwandtes Ballspiel, das dort früher in einer Allee gespielt wurde.

Malesherbes: *Malesherbes* kann zwar verstanden werden als „schlechte Kräuter" – und diese wären dann der Gegensatz zu den *fines herbes* („feine Kräu-ter"), der klassischen französischen Kräutermischung aus Schnittlauch, Kerbel, Petersilie und Estragon. Tatsächlich ist die Station benannt nach Chrétien-Guil-laume de Lamoignon de Malesherbes. Er über-nahm 1792 die Vertei-digung Ludwigs XVI. und wurde 1794 mit der Guillotine hingerichtet.

Lösungen Bonusteil

Les mots mixtes (Seite 73): Die meisten Wörter beginnen entweder mit dem Buchstaben **M** und enden auf **G**, oder beginnen mit **P** und enden auf **L** oder beginnen mit **I** und enden auf **T**. (Das Foto auf Seite 51 ist ein Hinweis …) Nicht ins Schema passen mannequin, impression, perfection, illégal, miracle, messe. Die schöne Unbekannte heißt Amélie.

Je te présente… (Seite 74): **1**. voisin **2**. propriétaire **3**. colocataire **4**. mère **5**. copine **6**. oncle

L'âge est toujours un secret (Seite 75): Es ergeben sich der Reihe nach folgende Rechnungen: 7 + 7 + 7 = 20 + 1. 10 + 10 = 20. 7 + 7 = 14. 10 − 7 = 1 + 1+ 1. 10 + 7 + 20 = 37. Amélie ist 37 Jahre alt.

Un voyage surprise ! (Seite 76): **1**. Rue du Bac **2**. Bonne Nouvelle **3**. Commerce **4**. Arts et Métiers **5**. Pasteur **6**. Chemin vert **7**. Pont-Neuf **8**. Porte Maillot **9**. Malesherbes. Solution : Amélie veut aller à Marseille !

Le projet d'Amélie (Seite 78): **1**. grandpère (grand + père) **2**. boulangerie (boule + ange + rien) **3**. rouvrir (r + ouvrier). **4**. rénover (Renault, laut ausgesprochen = réno, + verre)

Une ville tournée vers la mer (Seite 80): Zusammenzuzählen sind **13** (Name der Bar), alle im Text genannten Zahlen (= 160, 4, 23), und die Seitenzahlen 80 und 81. Das ergibt 361. Plus 23 = 384. Geteilt durch 4 = 96.

Donner un nom à un rêve (Seite 82): Die Ziffernkombinationen verweisen (v. l. n. r.) jeweils auf ein Gebäck/Dessert und dann die Buchstaben in diesem Wort. Beispiel: 3: 8, 9 -> Drittes Gebäck = Fondant au chocolat; 8. und 9. Buchstabe = au. Die Bäckerei soll heißen *Au pain de mon grand-père*.

Un nouveau départ (Seite 83): Die Buchstaben entlang des richtigen Weges ergeben den Satz: *Tu vas démissionner*. Du wirst also kündigen. Glückwunsch!

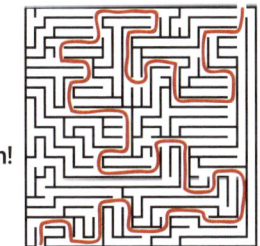

Tipps zu den Rätseln

Une annonce surprise ! (Seite 9): Hast du alle Wörter in den Text einsetzen können? Nein?

La chambre d'une bibliophile (Seite 13): Der Ausdruck *mettre du cœur à l'ouvrage* ist auf der Seite sozusagen fotografisch dargestellt.

Paris : Arrondissements et attractions (Seite 19): Die Stadtviertel in Paris werden der Form eines Schneckenhauses folgend durchnummeriert.

La géometrie des couleurs (Seite 25): Erinnerst du dich an den Ausblick vom Eiffelturm? Lies vielleicht nochmal nach, wie er beschrieben wird.

Les boissons (Seite 31): Vielleicht hilft dir die Erklärung des Begriffs *charade* auf Seite 30? Lies die Getränke laut vor, wenn du sie erraten hast – und achte für dieses Rätsel auf den Klang von Wörtern ...

Est-ce juste un rêve ? (Seite 36): Zum Glück trägt die mysteriöse Unbekannte eine rote Bluse ...

Où aller après le cimetière ? (Seite 40): Ein Tipp: Markiere die gesuchten Wörter, am besten mit einem Textmarker.

Les drôles de noms du métro parisien (Seite 48): Immerhin hier ein Tipp zu Teil 1 des Rätsels: Wie war das mit der Köchin am Hof von Lothringen (vgl. Seite 7)? Und noch was: Schnapp dir einen Stift ...

La dernière étape (Seite 53): Lies den Vokabelkasten nochmal durch ...

À qui parler ? (Seite 57): Manchmal nimmt man Botschaften auf Zettelchen nicht so wichtig, wie man sollte ...

Les passants et leurs histoires (Seite 62): Wo ein Hund an der Leine ist, muss auch ein Mensch die Leine halten ...

Trois images (Seite 67): Was ist das „Gegenteil" von Mutter? Und dann lohnt es sich durchaus, ein bisschen im Buch zu blättern.

Le dernier macaron (Seite 71): Sind diese *Macarons* die ersten, die du heute probierst? Oder hast du schon Sorten gekostet?

Lösungen

Une annonce surprise ! (Seite 9): Wenn du die Ansage vervollständigt hast, bleiben folgende Wörter übrig, die den Titel des nächsten Kapitels (zu finden auf Seite 14) bilden: *Bienvenue à Paris, Monsieur !*

La chambre d'une bibliophile (Seite 13): Formst du, das Rätsel vor dir, die aufgeschlagenen Seiten zu einem Herz (wie auf dem Foto), erkennst du farbig markierte Buchstaben. Sie ergeben den Titel des nächsten Kapitels: *L'art en plein air*.

Paris : Arrondissements et attractions (Seite 19): **1.** Den Eiffelturm findet man im 7. Arrondissement. **2.** Angekommen bist du im 10. Arrondissement (vgl. Kasten Seite 16). **3.** Wer Hunger hat, geht in ein Bistro, abgebildet in Arrondissement Nummer 8. **4.** Der *Jardin du Luxembourg* (klingt schon sehr nach „Luxemburg" ...) befindet sich im 6. Arrondissement. **Rechnung:** 7 + 10 + 8 + 6 - 5 = 26

La géometrie des couleurs (Seite 25): Vom Eiffelturm aus hast du den *Arc de Triomphe* bestaunt, der sich an der *Place de l'Étoile* befindet. Eins der „Fenster" (das waagrechte in der linken Hälfte) ist ein Ausschnitt des Pariser Stadtplans und zeigt den Kreisverkehr, an dem sich mehrere Straßen sternförmig treffen. Mit *La place de l'Etoile* geht es weiter.

Les boissons (Seite 31): Die drei gesuchten Getränke sind: *café*, *eau*, *lait*. Laut gelesen ergeben sie ein weiteres Getränk: *café au lait*. Und so, wie sich *noeud* auf *bleu* reimt, reimt sich *Un beau sommet !* auf *café au lait*. Auf zum Kapitel mit diesem Namen.

Est-ce juste un rêve ? (Seite 36): Wenn du nach ähnlichen Illustrationen wie der auf der Rätselseite Ausschau hältst, entdeckst auf Seite 68 nochmal die Frau in der roten Bluse.

Où aller après le cimetière ? (Seite 40): Wenn du alle Namen

gefunden (und markiert) hast, musst du die ungenutzten Buchstaben lesen: *Tu vas visiter la cathédrale Notre-Dame de Paris. Tu peux prendre le métro et sortir à la station Cité.* Das Foto der Metrostation ist auf Seite 20 zu sehen. (Übrigens wurden alle Namen der bekannten Persönlichkeiten im Kapitel erwähnt.)

S	T	C	H	O	P	I	N	U	F	V	A
A	S	V	M	I	R	S	I	T	O	E	R
L	L	A	O	C	O	A	T	H	N	E	N
L	D	R	L	A	U	L	E	N	T	N	O
A	T	R	I	E	S	D	A	M	A	E	D
C	O	L	E	T	T	E	E	M	I	P	A
R	A	I	R	S	T	O	S	U	N	P	E
U	X	Z	E	P	R	S	E	E	E	N	D
R	E	L	L	E	U	M	E	G	T	R	O
E	T	S	O	A	R	T	I	R	U	A	L
A	S	T	H	A	B	T	B	I	Z	E	T
I	O	N	C	I	T	E	F	A	I	P	P

Les drôles de noms du métro parisien (Seite 48): **1.** Gemeint sind die Stationen *Madeleine*, *Rome* und *Luxembourg*. **2.** Gemeint sind die Stationen *Poissonière* („Fischhändlerin"; auch: „Fischpfanne"), *Gare de l'Est*, *Place de l'Italie* und *Glacière* ("Eisherstellerin", "Eisgrotte"; auch: "Kühlbox"). Wenn du erst die Stationen von 1.) und dann die von 2.) in der genannten Reihenfolge verbindest, kannst du eine Zahl erkennen: 10! Auf Seite zehn geht es weiter.

Zu den Hintergründen der Stationsnamen: **Madeleine:** namensgebend ist eine Maria Magdalena geweihte Kirche; **Rome**: im angrenzenden Viertel sind viele Straßen nach europäischen Städten benannt; **Luxembourg**: wegen des *Jardin du Luxembourg*; **Possionnière**: nach einer Straße, die ursprünglich *Rue des Poissonniers et des Poissonnières* hieß („Straße der Fischhändler und Fischhändlerinnen"); **Gare de l'Est**: selbsterklärend; **Glacière**: nach einer Straße, die zum Dorf *La Glacière* führte, wo einst in Schächten und Stollen das Eis der im Winter zugefrorenen Weiher für den Sommer gelagert wurde; **Place d'Italie**: dort endete in der Antike die von Rom ankommende Römerstraße.

La dernière étape (Seite 53): Die Vokabel *De l'un côté ... de l'autre côté ...* ist der Schlüssel zur Lösung. *Auf der einen Seite* des Buches, auf dem Umschlag vorne, sind die Sehenswürdigkeiten abgebildet, die du schon besucht hast. *Auf der anderen Seite*, also hinten, ist die Kirche *Sacré-Cœur* zu sehen – so wie auch auf Seite 41, wo das letzte Kapitel beginnt.

À qui parler ? (Seite 57): Das Zitat auf dem Zettel am Frühstückstisch (*La musique est la vapeur de l'art.*) ist der Hinweis, dass du mit dem Maler reden sollst, für den Musik der Antrieb ist. Er hat Kopfhörer im Ohr.

Les passants et leurs histoires (Seite 62): 1. BLANC 2. BLANC 3. POUSSETTE 4. SEPT (alle Menschen mit Hunden (auch die "unsichtbaren" in den drei Ecken; die Frau, die Tauben füttert) 5. SEIZE (3 Fahrräder, 1 Rollstuhl, 1 Buggy und 1 Kinderwagen mit vermutlich je 4 Rädern) 6. FUME 7. BLANC. In der richtigen Reihenfolge ergeben die Buchstaben den Namen des nächsten Kapitels: *Une place au calme*.

Trois images (Seite 67): Die drei Bilder stehen für *père*, *la* (Los Angeles hat in einem Französisch-Buch nichts verloren ;-)) und *chaise*. Der Eingang zur Metrostation *Père Lachaise* ist auf Seite 37 abgebildet.

Le dernier macaron (Seite 71): Die Sorten, die du zum Frühstück gegessen hast (Pistazie, Orange und Cassis, vgl. Seite 54), sind in der Box immer als Dreierpack angeordnet. Das fehlende *Macaron* ist also eins der Sorte Cassis. Auf Seite 50 geht es weiter.

Glossar

f = feminin; *m* = maskulin; *pl* = Plural; ⚡ = umgangssprachlich

à emporter .... zum Mitnehmen
à l'heure .... pünktlich
à la fois .... gleichzeitig
à perte de vue .... soweit das Auge reicht
à proximité de .... in der Nähe
À votre service ! .... Gern geschehen!
accoster .... *hier*: festmachen, anlegen
s'adresser à qn .... sich an jdn. wenden
agréable *m,f* .... angenehm
ainsi que .... sowie, und auch
ajouter qc .... etw. hinzufügen
aliment *m* .... Lebensmittel
allumer .... anzünden
alors que .... als, während
amateur,-trice .... Liebhaber/in
apercevoir .... entdecken, bemerken
apprécier .... (wert)schätzen
arrêt *m* .... Halt, Haltestelle
arrière-boutique *f* .... Hinterzimmer eines Ladens
ascension *f* .... Aufstieg
attirer .... anziehen (attraktiv sein)
avancer .... vorgehen
avoir de la chance .... Glück haben
avoir envie *f*
   de faire qc .... Lust haben, etw. zu tun
balustrade *f* .... Geländer, Brüstung
banlieue *f* .... Stadtrand, Vorstadt
barbu,e .... bärtig
basilique *f* .... Basilika (Kirche)
bassin *m* .... Schwimmbad; *hier*: Wasserbecken
bataille *f* .... Schlacht

bateau *m*, bateaux *pl*
   à voile *f* .... Segelboot
bâtir .... bauen, errichten
bâton *m* .... Stock, Stab
battre la chamade .... bis zum Hals klopfen (Herz)
bavarder .... plaudern
beaucoup de monde .... viele Leute
bêtise *f* .... Dummheit
bibliophile *m,f* .... Bücherliebhaber/in
⚡ bolide *m* .... Rennwagen
bon marché *m,f* .... günstig
bougie *f* .... Kerze
⚡ boulot *m* .... Job, Arbeit
butte *f* .... Anhöhe
caché,e .... versteckt
cafetière *f* .... Kaffeekanne
calme .... ruhig, friedlich
ce que tu as vécu .... das, was du erlebt hast
célèbre *m,f* .... berühmt, gefeiert
celui, celle *m,f*; ceux,
   celles *m,pl/f,pl* .... der-, die-, dasjenige
cendrier *m* .... Aschenbecher
cette fois-ci .... dieses Mal
chaise pliante *f* .... Klappstuhl
chemisier *m* .... Bluse
chevalet *m* .... Staffelei
chimère *f* .... Chimäre (Mischwesen in der gr. Mythologie)
citer .... zitieren
coin *m* .... Ecke
conducteur,-trice .... Fahrer/in
course-poursuite *f* .... Verfolgungsjagd
(café) crème *m* .... verlängerter Kaffee mit Milch oder Sahne

d'un côté ...
   de l'autre côté ... . einerseits ... anderseits ..., auf der einen Seite ... auf der anderen Seite ...

déçu,e .... enttäuscht

déjà-vu *m* .... Déjà-vu (Situation, die einem bekannt vorkommt)

démarrer .... losfahren

dénouer .... aufknoten, lösen

départ *m* .... *hier:* Start, Aufbruch; Abfahrt

des centaines *f, pl* de ...... Hunderte von

descendre .... *hier:* aussteigen; runtergehen

détour *m* .... Umweg, Abstecher

deux-pièces *m* .... Zweizimmerwohnung

devenir .... werden

deviner .... raten, erraten

devinette *f* .... Rätsel, Rätselfrage

diable *m* .... Teufel

disparaître .... verschwinden

dommage .... schade

doucement (*Adverb*) ...... leise, behutsam

durant + *Substantiv* .... während

écouteurs *m,pl* .... Kopfhörer

écureuil *m* .... Eichhörnchen

s'émerveiller .... staunen, entzückt sein

emmener qn/qc .... jdn.,etw. (hin)bringen, mitnehmen

en bois *m* .... aus Holz

en face (de) .... gegenüber

en plein air .... Freiluft-, Freilicht-

en quelque sorte .... auf gewisse Weise

énigme *f* .... Rätsel

entendre .... hören (akustisch wahrnehmen)

équipé,e de .... ausgestattet mit

étagère *f* .... Regal

s'étaler sur .... sich breit machen

être à bout de souffle *m* außer Atem sein

être à la disposition
   de qn .... jdm. zur Verfügung stehen

être de mauvaise
   humeur .... schlechte Laune haben

être en train de faire qc gerade dabei sein, etw. zu tun

être enterré,e .... begraben liegen

être perdu,e
   dans ses pensées .... in Gedanken vertieft sein

être prêt,e à faire qc .... bereit sein, etw. zu tun

excité,e .... aufgeregt

exprès .... absichtlich

faire de la place à qn ...... jdm. Platz machen

faire les choses à moitié halbe Sachen machen

faire naviguer qc .... etw. segeln lassen

faire oui de la tête .... nicken

faire signe de la main ..... die Hand zum Gruß heben

faire un clin d'œil à qn ... jdm. zuzwinkern

fauteuil roulant *m* .... Rollstuhl

fauteuil .... Sessel; Stuhl mit Armlehnen

feuille *f* .... Blatt

fier/-ère .... stolz

fleuri,e .... blühend, blumig

fourmi *f* .... Ameise

⚡ s'en foutre de qc .... etw. ist einem egal

franchement (*Adverb*) .. ehrlich gesagt

gai,e .... fröhlich, heiter

Galeries Lafayette *f,pl*.... frz. Kaufhauskette

gêné,e .... verlegen

gorgée *f* .... Schluck

gouttière *f* .... Regenrinne

s'habituer à qc .... sich an etw. gewöhnen

s'inquiéter .... sich Sorgen machen

s'interrompre .... innehalten, stocken

⚡ Hélas ! .... Leider!

hésiter .... zögern

horloge *f*	Uhr, Wanduhr
illuminer	erleuchten
inconnu,e	Unbekannte/r
incontournable *m,f*	unumgänglich, ein Muss
inquiétant,e	beunruhigend
s'inquiéter	sich Sorgen machen
instant *m*	Augenblick
interrompre	unterbrechen
s'interrompre	innehalten, stocken
j'aimerais …	ich würde gerne …
jaunir	gelb werden
je devrais …	ich sollte, ich müsste …
jeter un regard sur qc	einen Blick auf etw. werfen
juste à côté de qc	gleich neben etw.
juste	nur, bloß
⚡ **la petite quarantaine**	Anfang vierzig
se laisser tomber	sich fallen lassen
le long de	entlang von
lequel, laquelle	welche/r/s
les beaux-arts *m,pl*	bildende Kunst, die Schönen Künste
loueur,-se	Vermieter/in, Verleiher/in
malicieux,-se	*hier:* schelmisch
marche *f* à pied *m*	Fußmarsch
marche *f*	Stufe
⚡ **Marché conclu !**	Abgemacht !
même (*Adverb*)	sogar
mériter qc	etw. verdienen, einer Sache würdig sein
mettre du coeur à l'ouvrage *m*	Herzblut in etwas stecken, Einsatz zeigen
⚡ **Mince !**	Mist!
monter un cheval	ein Pferd reiten
monter	*hier:* einsteigen; hochsteigen
se moquer de qn	jdn. verhöhnen, jdn. auslachen
moto *f*	Motorrad
mouillé,e	nass
moulu,e	gemahlen
Moyen-Âge *m*	Mittelalter
murmurer	murmeln
ne … pas si étonnant,e que cela	nicht so erstaunlich
ne pas en croire ses oreilles	seinen Ohren nicht trauen
ne … jamais	niemals
ne … pas du tout	überhaupt nicht
ne … plus	nicht mehr
ni … ni …	weder … noch …
nœud *m*	Knoten
non plus	auch nicht
on dirait	als ob, man könnte sagen ein/e, gleich eine/m/r
opportunité *f*	Gelegenheit, Chance
ordinaire *m,f*	gewöhnlich, normal
oser faire qc	sich trauen, etw. zu tun
ouvrier,-ère	Bauarbeiter/in
paisible *m,f*	friedlich
par contre	im Gegenteil
parfum *m* Parfüm;	*hier:* Geschmack
parler de la pluie et du beau temps	über dies und das reden
parole *f*	Wort, Aussage
pas *m*, pas *pl*	Schritt
peintre *m,f*	Maler/in
pelouse *f*	Rasen
Peu importe!	Egal! Macht nichts!
pièce *f*	Zimmer, Stück; *hier:* Kleingeld
pigeon *m*	Taube
pile *f*	Stapel
piste *f*	Spur
⚡ **plein de**	eine Menge, viele
plus … plus …	je mehr … desto …
plutôt	eher

point cardinal *m*, points cardinaux *pl*	Himmelsrichtung(en)
portable *m*	Handy
porte-clés *m*	Schlüsselanhänger
pressé,e	in Eile, gehetzt
prêter attention à qc	etw. Aufmerksamkeit schenken
prière *f*	Gebet
proche *m,f*	Nahestehende/r, Liebste/r
profiter de qc	etw. nutzen, etw. genießen
promener une poussette	einen Kinderwagen schieben
promis	versprochen
propriétaire *m/f*	Eigentümer/in, Vermieter/in
qc vaut qc	etw. ist etw. wert, etw. lohnt etw.
quartier *m*	Stadtviertel
rame *f*	Zugteil; *hier*: Zug (Metro)
rangement *m*	*hier*: Anordnung
rarement	selten
réapparaître	wieder auftauchen
recracher	ausspucken
refléter	widerspiegeln
regarder des pieds à la tête	von Kopf bis Fuß mustern
régner	herrschen
se rejoindre	sich treffen, zusammenlaufen
remercier	danken
rendre hommage *m* à qn/qc	jdn./etw. ehren
se reposer	sich ausruhen
rester assis,e	sitzen bleiben
rester de marbre	keine Miene verziehen
retard *m*	Verspätung
retirer	*hier*: rausziehen

réuni,e	vereint, versammelt
rigoler	Spaß machen, scherzen
rimer	sich reimen
rive *f*	Ufer
rond-point *m*	Kreisverkehr
rose *f*	Rose; hier: Fensterrose, Rosenfenster
roue *f*	Rad (eines Fahrzeugs), Riesenrad
rouler à vélo	Fahrrad fahren
royaume *m*	Königreich
sac à dos *m*	Rucksack
sachet *m*	Tüte, Tütchen
sans doute *m*	wahrscheinlich
sauf	außer
sauter	springen
sautiller	hüpfen, hopsen
séjour *m*	Aufenthalt
situé,e	gelegen
SNCF (Société Nationale des Chemins de Fer) *f*	die französische Bahn
sommet *m*	Spitze, Gipfel
soulagé,e	erleichtert
soupirer	seufzen
splendide *m,f*	wunderbar, prächtig, strahlend
stupéfait,e	erstaunt, verblüfft
tablier *m*	Schürze
tambour *m*	Trommel
tant de …	so viel,e …
taper	tippen
tapoter qn sur l'épaule *f*	jdm. auf die Schulter klopfen
tel/le	eine,e solche,r, s
terminus *m*	Endstation
TGV (Train à Grande Vitesse) *m*	frz. Hochgeschwindigkeitszug
toile *f*	Tuch; *hier*: Gemälde
toit *m*	Dach
tombe *f*	Grab

tout à coup	plötzlich
Tout à fait !	Genau ! Richtig !
tout le monde	jeder, alle
se tromper de qc	etw. verwechseln, sich mit etw. täuschen
tutoyer qn	jdn. duzen
⚡ un drôle de + Substantiv	ein,e komische/r/s
ustensile *m* de cuisine *f.*	Küchengerät
vaisselle *f*	Geschirr
vapeur *f*	Dampf
vélo *m* de course	Rennrad
vendeur,-se *m,f*	Verkäufer/in
venir de faire qc	gerade eben etw. getan haben
verser	gießen, einschenken

vide *m,f*	leer
vitrail *m*, vitraux *pl*	buntes Kirchenfenster
vivant,e	Lebende/r
voilier *m*	Segelboot
volant *m*	Lenkrad
vu que	da; in Anbetracht dessen, dass